I0035625

8° R
14322.

ONSEIL VAUT DE L'OR

MANDEZ

# L'ART

DE

# FAIRE FORTUNE

ÉDITÉ

## Par A.-F. LACLAU Aîné

# On Donne 500 Francs

*A qui démontrera que l'auteur de ce magnifique ouvrage
ne dévoile pas le moyen de faire fortune.*

## PREMIÈRE ÉDITION, Prix : 1 fr. 50

### PARIS-TOULOUSE

A.-F. LACLAU AÎNÉ, LIBRAIRE-ÉDITEUR

3, RUE SAINT-PANTALÉON, TOULOUSE

1896

363
96

# L'ART

## DE

# FAIRE FORTUNE

8° R

11.200

# AVIS A NOS LECTEURS

---

Les Annotations des *Recettes Spéciales* indiquées entre parenthèses dans le cours de l'Histoire de Pierre BIRON, se trouvent portées à la table des matières avec le même numéro correspondant.

---

# UN CONSEIL VAUT DE L'OR

DEMANDEZ

# L'ART

DE

# FAIRE FORTUNE

ÉDITÉ

Par A.-F. LACLAU Aîné

# On Donne 500 Francs

A qui démontrera que l'auteur de ce magnifique ouvrage
ne dévoile pas le moyen de faire fortune.

## PREMIÈRE ÉDITION

PARIS-TOULOUSE

A.-F. LACLAU AÎNÉ, LIBRAIRE-ÉDITEUR

3, RUE SAINT-PANTALÉON, TOULOUSE

1896

# PRÉFACE DE L'ÉDITEUR

Ce livre est justement appelé *la Clef de la Richesse,* et ceux qui le liront et mettront ses conseils en pratique jugeront de leur efficacité. Tous les faits qu'il avance sont de la plus parfaite exactitude. Ses calculs ne s'écartent en aucun moment de la vérité... et nous n'hésitons pas à offrir une *Prime de 5oo francs* à celui qui, ayant usé des recettes que nous indiquons, pourrait nous opposer des résultats en désaccord avec les nôtres. Ce n'est point sur l'expérience d'un seul, mais sur des expériences multiples, que nous avons basé nos conclusions, et c'est en toute confiance que nous livrons à la publicité ce petit manuel d'économie domestique et sociale.

Il est fait avant tout pour l'*Ouvrier* l'*Artisan,* l'*Employé,* pour tous ceux qui souffrent et peinent à vivre, et qui trouveront ainsi à leur portée des sources fécondes de soulagement et la réalisation de leurs rêves. Pour les connaître, ils éviteront souvent bien des moments de désespoir et bien des mouvements de haine mauvaise contre les heureux. Ils apprendront à faire leur bonheur et par leur énergie vaincront les obstacles de la vie qui leur semblent insurmontables. C'est un livre didactique, instructif avant tout, mais c'est en même temps un livre d'une grande portée sociale, la meilleure solution peut-être aux ardents problèmes qui se posent insolubles à cette heure, parce que souvent les petits remèdes valent mieux que les grands, ne risquant pas d'aggraver le mal en cherchant à l'amoindrir. La *Clef de la Richesse,* c'est-à-dire la clef de la porte aux rêves, voilà ce que nous· donnons au public, un symbole qui est la plus vivante ·des réalités.

A.-F. L. AÎNÉ

# INTRODUCTION

Être riche, c'est savoir proportionner ses
dépenses à ses ressources, et effectuer ses
dépenses de façon à retirer de ses ressources
la plus grande somme possible de plaisir et
d'utilité. Cette science de la dépense s'appelle
l'économie. Grâce à elle, on peut vivre aisément et heureux dans les mêmes conditions
où ceux qui ne la savent point pratiquer
auraient peine à satisfaire à leurs besoins
les plus nécessaires. L'économie est la vraie
richesse, d'abord parce qu'elle est le meilleur
moyen d'acquérir la richesse, ensuite parce
qu'elle est le seul moyen de la conserver.
Combien on peut trouver d'exemples de
gens opulents qui par leur désordre, même
sans prodigalités, se sont vus en peu de

temps réduits à leurs derniers sous. Combien d'exemples, et par contre de gens modestes, d'ouvriers même, de petits artisans, qui par leur science de vivre se sont élevés à l'aisance, quelques-uns à la fortune. C'est un de ces derniers exemples que je me suis proposé de vous offrir pour vous faire juger des prodiges étonnants que l'économie peut réaliser et vous indiquer en même temps les moyens à employer pour pratiquer ce que l'on peut appeler justement la grande vertu domestique.

Ce n'est pas un roman que je veux faire, c'est une histoire vraie que je vais raconter. Je n'invoquerai pas des faits imaginaires, d'invention, mais je m'attacherai fidèlement à la vérité, et la vérité sera d'ailleurs prouvée par le simple calcul arithmétique sur lequel j'appuierai mes affirmations. Cet exemple va consister dans le récit de la vie d'un homme connu — je l'ai vu moi-même à l'œuvre — qui par l'exercice parfait de l'économie s'éleva en peu d'années de la pauvreté à la richesse. La force de cet exemple ressortira plus encore du parallèle que je vais établir entre cet homme courageux et raisonnable et un de ses amis, son camarade de jeunesse, qui placé dans les mêmes conditions que lui, eut une fin bien différente puisqu'il mourut de misère. Du contraste de ces deux fins qui auraient dû être semblables puisque conditions et moyens étaient les mêmes, va résulter la preuve de cette maxime, que « l'économie est la source de la richesse », et qu'à ceux-là qui savent la pratiquer dans ses détails l'avenir est assuré.

Ce n'est pas à dire qu'en suivant fidèlement les préceptes que je donnerai, chacun de nous, artisan, ouvrier, petit employé, puisse se créer le patrimoine de mon héros; non. Outre les moyens à employer, il est encore un élément important qui doit concourir à ce résultat, c'est la chance, c'est-à-dire l'ensemble de circonstances heureuses que rencontrent certaines gens dans toutes leurs entreprises. Or la chance est un don du ciel qui nous est donné à des degrés différents. Mais ce que je me ferai fort de prouver, c'est qu'en suivant mes préceptes d'économie, tout homme, ouvrier, artisan, employé ou autre, peut arriver et arrive sûrement à se créer pour l'avenir un petit capital, tout en vivant aisément avec son salaire quotidien.

Que ceux qui liront ce récit ne se disent donc pas : cela s'est produit une fois et ne se produira plus. Ils auraient tort. Outre que mon exemple n'est point le seul que l'on pourrait citer, il en résulte que dans des mesures différentes il peut indiquer à tous une règle de vivre. Pour être heureux point n'est besoin de devenir millionnaire. C'est déjà fort joli de se créer une vieillesse tranquille, d'assurer les mauvais jours possibles d'épreuve et de maladie. Or l'ouvrier, quel qu'il soit, en restant ouvrier, et sans gagner plus que le salaire normal et moyen de nos industries françaises, 3 francs par exemple, peut vivre aisément en usant de tous les moyens d'économie que j'indique ; et si de plus il use des quelques moyens de profit, moyens populaires et faciles que je décris au cours de ce livre, il pourra amasser un petit capital et faire avec son bonheur de chaque jour sa sécurité et celle de tous les siens.

A la fin de ce livre, sous cette rubrique " *Recettes indispensables* ", sont détaillés les modes d'emploi et d'exercice de ces divers moyens. A chaque fois que je ferai allusion à l'un d'eux je renverrai à cette table finale.

Je ne doute pas du succès de ce petit livre ; et par succès j'entends son efficacité, son utilité, ses bons effets. Tel est mon but, en effet, but utilitaire avant tout. Je veux instruire avant d'intéresser, mettre à l'acquit de tous mon expérience personnelle. J'ai tâché d'être aussi clair et précis que possible, même bref, désirant ne faire qu'un simple petit manuel. Je laisse au lecteur le soin de tirer lui-même les conséquences que je n'ai fait que sous-entendre, et d'approprier à sa situation personnelle ceux des moyens indiqués qui peuvent le mieux s'y adapter, et dans les mesures où ils le peuvent.

Ainsi chacun en usera comme il le voudra ou le pourra ; son profit sera proportionnel, mais toujours sérieux.

# LIVRE PREMIER

———

Mes deux héros, que j'appellerai de deux noms d'emprunt, Pierre Biron et Jean Revel, appartenaient à cette classe de la bourgeoisie du petit commerce où les enfants, pour n'être point à charge, doivent, dès l'âge de dix-huit ou vingt ans, commencer à se suffire à eux-mêmes. C'est à cet âge que je les prendrai, passant sous silence leurs premières années dont le récit serait une longueur inutile et sans intérêt. Leur instruction avait été celle de tous ceux de leur classe, instruction brève mais suffisante pour leur place en la vie.

D'ailleurs, l'instruction n'a pas de moment nécessaire, et à ceux à qui leurs ressources ne permettent pas d'y consacrer, d'y dilapider souvent un grand nombre d'années, il est permis de la parachever tout en vaquant aux soins de leur profession. Mais si leur instruction était la même, Pierre Biron avait peut-être en outre cette éducation de bons principes et de bons exemples, cette éducation familiale que tous, pères et mères, devraient donner à leurs enfants ; éducation du foyer qui est une science elle aussi, ou plutôt une tradition qui se transmet, part de patrimoine et la meilleure parce qu'elle est la garantie de l'utilité des autres.

Je prends donc mes deux héros à leur entrée dans une grande maison de banque de Lyon.

Les voilà livrés à eux-mêmes, après leur premier pas dans la vie, jetés seuls dans le grand tourbillon, dans la grande ruée des combattants pour y prendre une place et lutter eux aussi.

Ils étaient venus là d'Aix, d'où ils étaient natifs, pour profiter de l'occasion favorable qui leur était offerte. C'est donc sans famille, en plein isolement et en pleine grande ville qu'ils allaient se trouver et qu'ils allaient tenter leur première expérience de vivre.

Les voilà donc *casés*, pour employer l'expression courante, munis d'un emploi sûr sinon très rétribué dans les débuts. C'est la première chance d'un jeune homme d'entrer dans une maison sérieuse et d'avoir ainsi une place assurée pour longtemps à la condition qu'il se conduise bien et fasse pleinement son devoir. A quelque branche du travail que l'on se destine, industrie ou commerce, il faut tâcher de forcer cette chance. Une maison sérieuse, c'est une maison bien administrée, c'est par suite une maison où l'on sera sûr de n'être pas frustré du prix de son travail. C'est encore une maison où l'on rencontrera des gens honnêtes comme soi, avec lesquels on ne risquera pas de se dévoyer. C'est une maison où existe entre les travailleurs de tous degrés, sans qu'il soit tenu compte à ce point de vue de la hiérarchie nécessaire à la division du travail, une communauté d'intérêts, d'efforts et de sentiments. C'est plus qu'une réunion fortuite d'individus, presque une famille dont les membres s'entr'aident et se soutiennent, dont le chef est à la fois protecteur et maître. Il faut savoir sacrifier un surcroît de salaire momentané dans des conditions hasardeuses et pour une durée aléatoire à ces conditions qui sont les meilleures garanties d'un travail durable, progressif et toujours rétribué.

Pierre Biron et Jean Revel réussissaient donc dès leur premier pas.

Leurs appointements de début étaient fixés à douze cents francs par an, cent francs par mois. C'était une somme fort jolie pour être gagnée à leur âge et dès leur premier travail, mais modique quand même si l'on considère qu'ils avaient sur ces appointements à suffire à tous leurs besoins.

Le premier problème qui se pose à nous comme il se posa à eux est celui de savoir si avec 100 francs par mois on peut vivre aisément et comment l'on doit s'y prendre pour tirer le meilleur parti possible de ses ressources. Nous en trouverons d'autres plus difficiles à résoudre ; et la réponse que je donne dès maintenant à celui-ci, c'est que Pierre et Jean trouvèrent le moyen, en répartissant habilement leur modique budget, de vivre non seulement sans gêne mais encore agréablement.

Leur première habileté consista, ayant même besogne et mêmes loisirs, à avoir même bourse et vie commune ; ils habitèrent et mangèrent ensemble. Rien que ce fait constituait une grande économie. Deux cents francs que l'on dépense à deux fournissent beaucoup plus de ressources que cent que l'on est seul à dépenser. Pierre Biron ayant un esprit plus pratique que celui de Jean, plus ordonné, jusqu'à la minutie, fut chargé de régler le budget annuel, d'equilibrer les recettes et les dépenses. Il y mit tous ses soins et voici à peu près comment il procéda.

Son zèle fureteur en même temps que son savoir-faire et sa patiente persévérance lui firent découvrir dans un faubourg de la rive gauche du Rhône une petite maison proprette où une vieille femme veuve et seule leur loua une chambre spacieuse et bien tenue dans sa simplicité : une chambre à deux lits, avec armoire à linge, tables, chaises et fauteuils, le meilleur de son mobilier d'ancienne bonne ménagère. Elle considéra même comme un bonheur pour elle, pauvre isolée dans cette maison triste, de trouver deux locataires sérieux et jeunes à la fois, si bien qu'elle leur offrit de se charger de leur petit ménage, leur évitant ainsi de courir toutes ces mauvaises gargotes à bon marché dont la cuisine délabre l'estomac et ne soutient pas les forces.

Logement et nourriture furent ainsi acquis

à Pierre et Jean pour la modeste somme de 120 francs par mois. C'était là un heureux arrangement dont ils furent satisfaits avant même d'avoir jugé de ses effets et plus encore après, car leur bonne propriétaire les soignait comme ses fils. La maison était d'ailleurs fort agréable, avec sur le derrière un grand jardin où il leur était permis de se promener tout à leur aise. Pierre Biron, d'esprit inventif, ne tarda pas à gagner toutes les bonnes grâces, la reconnaissance même de leur ménagère, et voici comment.

Il acquit en peu de temps quelques notions théoriques d'horticulture qui perfectionnées par un peu d'expérience firent de lui un fort potable jardinier, et du jardin inculte un vrai parterre de fleurs, voire même un sérieux potager.

Chaque matin, de cinq à huit heures, heure de sa rentrée au bureau, et les soirs d'été au retour, Pierre s'armait de serpes, pelles ou râteaux, et aidé de Jean, taillait, piochait, semait comme un professionnel.

Nos deux camarades prirent même goût à ce travail, qui leur fut, en même temps qu'un exercice physique salutaire à leur jeune santé, une distraction agréable et variée. Leurs efforts furent couronnés de succès, et deux ans plus tard ils avaient créé un petit revenu à leur propriétaire des fruits et récoltes de ce coin de terre fertile. Elle portait les fleurs sur les marchés de Lyon et conservait les fruits, pommes, poires ou raisins pour en retirer plus de prix durant l'hiver, usant pour cela d'un mode de conservation que Pierre lui avait conseillé lui-même. Pour les raisins, par exemple, elle avait un art véritable : elle les laissait en grappes sur le cep aussi longtemps que possible, même jusqu'aux premiers froids, pourvu que les gelées fussent légères, les détachait ensuite, et après avoir enlevé les grains endommagés, les laissait quelques jours à l'air dans une chambre froide. Après quoi, elle les emballait dans des boîtes de fer-blanc ou des conserves de verre entre deux couches de coton. Elle rangeait ces boîtes ou vases hermétiquement clos dans un placard frais et conservait ainsi jusqu'en mai des raisins craquants et délicieux bien qu'un peu ridés qu'elle vendait aux restaurateurs à bon prix. Si bien que ne voulant faire aucun gain sur le ménage de ses deux pensionnaires, elle réduisit à 100 francs par mois le montant si modique cependant de leur pension.

Avec 100 francs par mois, Pierre et Jean assuraient donc leur nourriture et leur logement. Cela leur laissait 100 francs nets par mois à répartir entre leurs autres dépenses, soit 600 francs par an pour chacun. 300 francs étaient consacrés à l'habillement, costume, linge, chaussures, chapeaux, à l'éclairage, au chauffage et à tous les menus frais divers de la vie quotidienne. Dans toutes ces dépenses, Pierre avait introduit aussi le règne de l'économie par mille procédés ingénieux; aussi suffisaient-elles amplement à leur confortable. Il avait ainsi d'excellentes recettes pour rétablir les couleurs altérées (1), pour détacher les étoffes (2), rendre les chaussures imperméables (3), remettre à neuf les vieux chapeaux de paille (4), réparer les accrocs des vêtements (5), fabriquer du savon économique (6), s'éclairer et se chauffer à peu de frais (7), et d'autres encore de non moindre utilité et qui dispensent d'une foule de petites dépenses, c'est-à-dire réalisent par fragments une notable économie. C'est ainsi qu'il composait lui-même une eau de toilette comparable au véritable vinaigre de Bully (8), une lotion très efficace contre la chute des (9) cheveux, et une eau dentifrice supérieure (10) à beaucoup de dentifrices du commerce. C'est en sachant s'organiser ainsi et s'instruire pour ses propres intérêts que l'on arrive à faire de vrais tours de force, des prodiges d'économie par des prodiges d'ingéniosité.

Ces frais déduits, il restait à chacun de nos deux amis 300 francs par an, soit 25 francs par mois. De ce reliquat chacun avait la libre disposition. C'eût été là évidemment une somme dérisoire pour les jeunes gens habitués à ces mille plaisirs de la jeunesse et de l'âge mûr où peuvent se gaspiller non pas seulement des économies mais des fortunes entières.

Beaucoup auraient même sacrifié une part de leur nécessaire à ces dépenses quotidiennes. Mais Pierre et Jean préféraient assurer d'abord le confortable de leur vie intérieure, préférant jouir pleinement de celle-ci sans aller chercher au dehors l'illusion d'une aisance qu'ils n'avaient pas ou d'un bonheur qu'ils avaient chez eux. Ce n'est pas à dire

qu'ils se privassent de toutes douceurs. Non,
car ici encore l'habileté de Pierre leur avait
fourni le moyen de tirer un parti très grand
de leurs ressources.

Le café est une source de grande dépense
et cependant un plaisir réel dont se passe
difficilement la jeunesse. Pierre, en consacrant
quelques heures de loisir à d'utiles études,
avait réuni un certain nombre de recettes qui
leur permettaient, pour peu d'argent, d'être
riches en liqueurs : marasquin, parfait amour,
eau-de-vie de Dantzig, vespétro, chartreuse,
curaçao, cassis, anisette, absinthe, vermout (11). Il semble même qu'il fût devenu
un dangereux rival pour les liquoristes en
renom tant il avait d'art. Sa chartreuse
aurait trompé des connaisseurs ; on aurait
juré de même son anisette de marque. Mais
où il excellait plus encore c'était dans la
fabrication de la blanquette de Limoux (12) et
de la bière (13).

A ce point de vue donc, Pierre et Jean
n'étaient point à plaindre, et pour ne fréquenter pas les cafés publics goûtaient quand même
ses plaisirs. Ils invitaient quelques-uns de leurs
camarades et occupaient souvent leurs loisirs
du dimanche à faire leur partie de cartes en
dégustant un verre, l'hiver en plein soleil, et
durant l'été à l'ombre fraîche d'une tonnelle
de liserons. Cela ne valait-il pas mieux que
l'atmosphère fumeuse d'un bouge ?

Bien plus, ils trouvaient là une source non
seulement de plaisir mais de pécule. Il se fit
entre eux et leurs camarades une sorte de petit

commerce, fort honnête d'ailleurs, et Pierre devint le fournisseur d'un grand nombre de familles qui trouvaient leur intérêt à profiter de son habileté. Il y trouva le sien aussi puisque ce petit commerce constitua pour lui un revenu annuel de 500 francs. Ces 500 francs furent trois ans durant, jusqu'au jour où Pierre et Jean prirent le sac, l'épargne annuelle qui devait s'accroître plus tard.

Pour Pierre, en effet, plus de ressources impliquait plus d'économies. Puisqu'ils avaient vécu auparavant heureux avec le seul revenu de leur emploi, pourquoi auraient-ils changé leur manière de vivre? Ne valait-il pas mieux épargner pour l'avenir, pour les temps possibles de maladie et d'épreuve, pour les jours aussi où l'on n'aura plus à s'occuper de soi seul, où l'on devra subvenir aux besoins de plusieurs et où l'on trouvera sa joie à faire celle d'êtres chers ?

Ils avaient d'ailleurs d'autres distractions gratuites, et sans faire de Pierre un Robinson, je puis dire qu'il avait une imagination et une faculté d'invention extraordinaires.

Les beaux dimanches, nos deux amis partaient dès l'aurore, remontaient la rive gauche du Rhône jusqu'à quatre ou cinq kilomètres en amont, et s'installaient en plein fleuve dans une petite île verdoyante d'où tout le jour ils jetaient leurs amorces aux poissons.

Or c'était chaque fois une pêche miraculeuse que la leur, grâce à la recette de Pierre.

Et c'était pour eux un véritable orgueil de

rentrer le soir le panier plein de poissons pris avec le **Fluvivore de l'Annam** (*).

Tel fut trois ans durant le genre de vie de Pierre Biron et de Jean Revel ; trois ans qui leur parurent infiniment courts, car ils n'avaient jamais un moment d'ennui n'en ayant pas le temps, trois ans infiniment agréables parce qu'ils surent, par l'usage modéré du plaisir, ne point perdre le goût des plaisirs simples qui sont les meilleurs en même temps que les moins coûteux. Leur vie en commun leur était aussi une source de bonheur. La communication constante de leurs esprits et de leurs âmes les faisaient avoir mêmes désirs, mêmes volontés, et par suite établissait entre eux une harmonie et une entente jamais troublée. Ils durent interrompre cette existence douce qu'ils auraient vécue sans fin, appelés sous les drapeaux tous deux en même temps pour satisfaire à leurs obligations de citoyens français. Ici encore la fortune qui jusque-là les avait conduits côte à côte et sur le même chemin ne les sépara pas.

Nous les retrouverons après leur service militaire, car il est en dehors de mon sujet de raconter cette période de leur vie.

(*). Le *Fluvicore de l'Annam,* pour prendre les poissons à la ligne, se trouve tout préparé, chez M. Laclau, rue Alsace, 22, Toulouse. Prix 1 fr. 50.

# LIVRE II

En ce moment commence une autre période
de vie pour Pierre Biron et Jean Revel. Le
premier était arrivé à sa vingt-cinquième année ;
le second n'était guère plus âgé. Ils venaient de
faire simultanément leur service militaire, et
ils allaient reprendre leur position ancienne à
Lyon, leur place leur ayant été conservée. Je
signale ici encore au passage un des avantages que l'on a à être placé, comme je le disais
tout à l'heure, dans une maison de confiance.
Les bons employés qui sont obligés de s'absen-
ter ne sont remplacés que temporairement
pour répondre aux exigences momentanées du
travail ; ils trouvent bras et porte ouverte à leur
retour.

Ici, dis-je, s'ouvre une seconde phase de
l'existence de Pierre et de Jean. Ils ont atteint
l'âge d'homme. Ils ont dépassé la limite de
l'adolescence, cette phase où le caractère d'un
individu n'est pas encore bien dessiné, où ses
sentiments sont confus, ses aspirations hési-
tantes, ses instincts contraires, pour arriver

à cette seconde où l'adolescent fait homme
prend une direction bien déterminée, une voie
définitive. C'est de ce moment surtout que va
dater tout son avenir, moment où sa volonté
doit choisir entre la vie réglée et la vie déré-
glée, car l'âge des entraînements passagers
n'est plus ; moment de la grande lutte intime
et dernière que vont lui livrer ses passions,
ses ambitions et toutes les influences exté-
rieures auxquelles il est exposé, assaut final
et capital.... Tels et tels qui jusqu'à ce moment
avaient semblé promettre une vie de travail
et d'ordre changent brusquement de manière d'être à l'instant critique. Mais quand
de ce jour on s'est engagé résolument dans
la bonne voie, les revirements sont peu à craindre ; le choix fait est bien déterminé, im-
muable, sauf pour quelques rares exceptions
et à moins de circonstances extraordinaires.

Au retour de leur service militaire, Pierre
et Jean retrouvèrent donc leur place à Lyon,
et, d'un seul coup, en un jour, Pierre reprit
toutes ses anciennes habitudes d'employé
réglé et de jeune homme sérieux. Il revint
chez sa vieille propriétaire qui le reçut avec
joie, car elle avait gardé le souvenir de son
honnêteté et de sa bienveillance pour elle.
Comme jadis elle se mit à sa disposition pour
vaquer aux soins de son ménage. Et la vie
d'autrefois lui réapparut avec tous ses
charmes presque oubliés, et ce charme
nouveau que l'on a à jouir des choses dont on
a été privé longtemps.

Jean, lui, retourna bien à son bureau comme

Pierre; mais hors cela il changea ses habitudes de vie. Il se sépara de Pierre, prit chambre et pension en ville ; pas que les deux amis fussent brouillés, mais parce que les idées de l'un avaient changé tandis que celles de l'autre restaient les mêmes, ce qui, sans atteindre aucunement leur amitié, nécessitait la rupture de leur vie commune.... Jean avait changé. Son langage, ses allures avaient perdu leur franche simplicité d'autrefois. Il était autre. Qu'il prît chambre et pension en ville, à cela rien d'étonnant. Les appointements des deux employés avaient été portés à dix-huit cents francs, et il pouvait vivre assez aisément seul. Mais pour cela ne fallait-il pas encore jouer au grand seigneur, fréquenter café, théâtre et autres lieux de dépense.

Or, il semblait tout prêt à se distraire. C'était là une métamorphose complète du sérieux au frivole.

Je me demande en passant, et cette remarque me fournira l'occasion de donner un conseil de plus entre tant d'autres à ceux auxquels je destine ce livre, je me demande si la vie de caserne qu'il venait de mener trois ans durant n'était pas une raison déterminante de ce changement.

La vie de caserne en elle-même semble une excellente chose. Elle ne peut avoir qu'un effet heureux sur les caractères trop fougueux qu'elle maîtrise, trop apathiques qu'elle réveille. Mais gare aux âmes faibles qui se laisseraient influencer par les camaraderies néfastes qu'on y peut rencontrer !

Le soldat, en général, est bon, joyeux, et sans méchanceté. Mais il suffit que quelqu'un soit mauvais pour qu'on ait une chance d'être influencé vers le mal dans cette vie en commun qui facilite les connaissances faites et les amitiés liées. Là comme partout, mais là surtout, où tous les jeunes gens vont et sont vos camarades, faut-il savoir, au nombre des camarades, faire sagement le choix des amis.

....Je ne veux pas dire que Jean fût devenu un grand dépensier, il n'en avait pas les moyens, ni un libertin, il remplissait consciencieusement sa tàche quotidienne, mais il avait perdu cet esprit d'économie que Pierre avait conservé. Il était devenu comme tant d'autres celui qui vit au jour le jour, sans souci, tirant de ses ressources tout le plaisir immédiat qu'il en peut tirer et partant livré au hasard du lendemain. En vivant ainsi on a évidemment plus d'amis, mais plus d'amis intéressés à s'amuser avec vous, qui peut-être ne vous secourront pas quand vous aurez besoin d'eux.

La fin de mon récit justifiera ce que je viens de dire ; et de ce moment va s'accentuer le contraste croissant entre la vie de Pierre et la sienne, contraste d'où résultera le dénouement différent de l'une et de l'autre.

Les appointements de Pierre et de Jean avaient été à leur rentrée portés de 1,200 à 1,800 francs, 150 francs par mois au lieu de 100. Pierre avait en outre 500 francs, reliquat de ses économies anciennes qu'il plaça à la caisse d'épargne de Lyon.

Il s'occupa de régler son budget, exclusivement personnel maintenant, selon ses nouveaux revenus, ou plutôt il continua sa vie simple, égayée des mêmes plaisirs qu'autrefois, et s'attacha à rendre productif le surplus de ressources que n'exigeaient pas ses besoins habituels.

Sa propriétaire réduisit sa pension à 60 francs par mois; total dans l'année 720 francs à retrancher de 1.800 francs = 1,080 francs.

Son vestiaire, linge, vêtements, chaussures, chapeaux, qu'il continuait à entretenir avec son habileté de jadis, lui occasionnait une dépense annuelle de 300 francs; son chauffage et son éclairage qu'il trouva le moyen de rendre économique (14) une dépense de 80 francs. Restait la somme de 700 francs pour ses distractions et ses dépenses extraordinaires. Or, les distractions de Pierre nous sont connues en partie. Elles étaient toutes ou à peu près productrices de revenus. Quand à ses dépenses extraordinaires, il n'en abusait pas, et de certaines même, telles liqueurs, lui coûtaient fort peu.

Pour utiliser donc ces 700 francs ou à peu près dont il pouvait disposer, et pour les utiliser à son profit et fructueusement, il se livra dans ses heures de loisir à plusieurs occupations qui accrurent, on verra à quel point, son patrimoine naissant. Je n'en citerai que quatre, d'autres seront inscrites à la table des formules : Apiculture — Culture des champignons artificiels en cave — Culture du cresson de fontaine — Fabrication du Brie. Ces 700 francs lui suffirent et au delà pour subvenir aux frais d'installation de ces petites et lucratives industries.

---

## APICULTURE

Pierre avait à sa disposition le grand jardin de sa propriétaire et il en avait profité pour faire venir foule de fleurs et de fruits, fleurs qu'il envoyait vendre sur les marchés de Lyon, fruits qu'il conservait au moyen d'un procédé spécial (15) pour ses desserts d'outre-saison.

C'était son occupation favorite de jardiner un brin chaque jour, maniant tour à tour les instruments les plus divers. Voici comment il fut conduit à profiter de la jouissance de ce coin de terre pour se livrer à l'apiculture.

Il remarqua certain jour que toute une colonie d'abeilles à miel avait essaimé contre un vieux tronc d'arbre creux et travaillait à se faire une ruche. Il ne la laissa pas faire, et comme il avait vu dans son enfance fabriquer des ruches, il en fabriqua lui-même un certain nombre à l'aide de paniers coniques de vannerie qu'il dressa sur des pierres plates en guise de tabliers.

D'elles-mêmes les abeilles prirent possession des demeures qui leur étaient préparées, et au mois d'août Pierre exposa sur des claies de merveilleux gâteaux de cire dont le miel exquis lui rapporta une recette nette de 150 francs, l'année suivante de 200. Il acquit une habileté étonnante et une prompte expérience, si bien qu'il composa un petit livre sans prétentions, mais fort exact sur les mœurs et l'élevage des abeilles. Il l'imprima lui-même autographiquement (16) et en vendit un certain nombre d'exemplaires.

---

## CULTURE DES CHAMPIGNONS EN CAVE
*(Recette pour les produire).*

Pierre usa encore d'une grande cave fraîche et commode que possédait sa propriétaire pour se livrer à la culture des agarics comestibles ou champignons de couche. Ces champignons sont d'une récolte très abondante et n'ont jamais occasionné le moindre accident. Voici comment il arrivait à en produire d'excellente qualité.

Il achetait du fumier de cheval contenant peu de paille, fumier trié et fort saturé d'urine, le déposait en tas, le laissait fermenter un mois, le remuait ensuite à deux reprises à une dizaine de jours de distance, l'arrosait légèrement, et obtenait ainsi huit jours après un fumier à peu près froid, brun et gras, tout prêt à la fabrication des meules.

Il établissait ses meules sur un sol ferme et

sec par petits tas de fumier en dos d'âne de 0.60 centimètres de hauteur et les tassait fortement. Une semaine après, ayant préalablement constaté la chaleur de la meule qui ne doit pas dépasser 18 degrés, il lardait le fumier de blancs de champignons (*) par petites galettes de 5 centimètres sur 8, distantes entre elles de 30 centimètres environ. Quinze jours après des filaments blancs apparaissaient entrelaçant le fumier. Quand les meules étaient entièrement blanches il les recouvrait d'une couche de 3 centimètres de terre légère et bien tamisée, et le mois suivant il pouvait commencer la cueillette, cueillette qui peut se faire tous les deux jours et dure deux ou trois mois sur les mêmes meules, à la condition de les arroser de temps à autre et de combler avec du terreau les trous résultant de l'arrachage.

Pierre avait disposé ainsi 25 mètres carrés de meules et il retira de la vente quotidienne de ces champignons d'excellente qualité un revenu net de 1.000 francs la première année, soit une moyenne de 4 francs par jour durant les huit mois que dura sa récolte, en renouvelant les meules trois fois.

Il conserva des blancs de la récolte présente pour celle de l'année suivante qui presque sans aucun frais lui rapporta 1,200 francs.

(*) On trouve le **blanc de champignon** pour établir les premières meules chez M. Laclau aîné, rue Alsace, 22, Toulouse. Prix............ **1 fr. 75**

# CULTURE DU CRESSON

Pierre se livra aussi à la culture du cresson et obtint de merveilleux résultats. Le meilleur cresson de ruisseau ne pouvait se comparer à celui de son jardin, et il lui en advint presque une célébrité. Il faisait une couche ordinaire dans un coin abrité du soleil, recouvrait la couche de terreau, semait ses graines, arrosait amplement et recouvrait la couche les châssis inclinés vers le Nord. Il arriva ainsi à avoir une cressonnière perpétuelle qui lui rapporta 200 francs par an.

Pour ceux qui désirent produire le cresson de fontaine nous indiquerons une recette groupée avec les autres à la fin de ce livre.

## FABRICATION DU FROMAGE DE BRIE

Une quatrième source de profits sérieux fut la fabrication du fromage de Brie.

Il prenait des seaux ordinaires pleins de lait fraîchement trait, versait dans chacun une demi-cuillerée à bouche de présure et mêlait le tout. En attendant que le caillé fût formé, il étendait sur un égouttoir en bois une natte de jonc ou de paille ou mieux encore de graminées fines.

Sur cette natte il plaçait un moule de la dimension d'une forme ordinaire de Brie.

Souvent un simple cerceau de tamis criblé de trous lui tenait lieu de moule. Ces dispositions prises, il remplissait la meule de caillé. Le caillé, en s'égouttant, se réduisait et s'affaissait. Il remplissait le moule à nouveau et jusqu'au bord. Après cela il recouvrait le moule d'une natte et la natte d'un linge, laissait le caillé s'égoutter jusqu'au lendemain, enlevait moule et natte supérieure, remplaçait la natte inférieure par une nouvelle bien sèche, salait légèrement quatre jours durant alternativement chaque face du fromage, le descendait ensuite dans sa cave pour l'y laisser mûrir en ayant soin de changer chaque jour les nattes sur lesquelles il était placé.

Au bout de quelque temps apparaissait une moisissure bleuâtre. Pierre l'enlevait doucement, et trois semaines après le fromage prenait une teinte jaune qui indiquait sa pleine maturité.

Par ce procédé fort simple, peu coûteux et n'exigeant que de la patience et des soins, Pierre obtint un fromage exquis et un petit revenu annuel de 300 francs.

Telles furent dès sa rentrée du service les occupations de Pierre et ses profits. Je vais tracer un tableau de l'état de son budget deux ans après.

# BUDGET PREMIÈRE ANNÉE

| RECETTES | | DÉPENSES | |
|---|---|---|---|
| Appointements.. | 1,800 | Ménage......... | 720 |
| Apiculture...... | 150 | Habillement .... | 300 |
| Cresson......... | 200 | Divers.......... | 80 |
| Champignons... | 1,000 | Installations d'in- | |
| Fromage........ | 300 | dustries....... | 500 |
| Total..... | 3,450 | Total..... | 1,600 |

Économie et balance, 3,450 — 1,600 = 1,850.

---

# BUDGET DEUXIÈME ANNÉE

| RECETTES | | DÉPENSES | |
|---|---|---|---|
| Appointements. | 1,800 | Ménage......... | 720 |
| Apiculture...... | 200 | Habillement .... | 300 |
| Cresson......... | 200 | Divers.......... | 300 |
| Champignons... | 1,200 | | |
| Fromage........ | 300 | | |
| Total..... | 3,700 | Total..... | 1,320 |

Économie et balance, 3,700 — 1,320 = 2,380.

---

Intérêts des 500 francs placés à la caisse d'épargne, 30 francs.

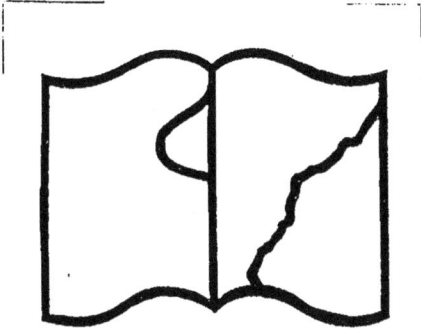

Texte détérioré — reliure défectueuse
NF Z 43-120-11

Intérêts pour la seconde année des économies de la première, 60 francs.

Total général d'économies à la fin de la seconde année : $60 + 30 + 500 + 1,850 + 2,830 = 4,820$.

Dans le laps de deux années Pierre avait donc mis de côté 4,820 francs.

Il plaça cette somme chez son patron qui lui en servit postérieurement l'intérêt à 5 %.

C'est vers cette époque qu'il dut encore à sa connaissance des affaires, à son exactitude parfaite, à la confiance qu'il avait su inspirer à tous ses chefs, de monter en grade.

De simple teneur de livres qu'il était il devint chargé d'un guichet de coupons et ses appointements se montèrent à 2,500 francs.

C'est vers cette époque aussi qu'ayant atteint l'âge de vingt-huit ans il songea à se marier et qu'il trouva une excellente occasion de le faire.

Mais avant de le suivre dans cette troisième phase de sa vie, je dois dire ce qu'était deven... Jean. . . . . . . . . . . . . . . .

Sa nouvelle vie ne lui réussit pas. Peut-êt... regretta-t-il parfois le passé et eut-il env... de recommencer l'existence d'autrefois ! ... plutôt non, il était de ces insouciants q... l'adversité n'instruit ni ne corrige, de ... illusionnés qui croient aveuglément ... fortune, à la chance, à la veine, et qui s... ceux précisément qui ne l'ont pas parce qu... ne font rien pour la forcer à venir. Il retrouvait chaque jour Pierre au bureau aux heures accoutumées. Comme jadis ils étaient les meil-

leurs amis du monde, sans secrets l'un pour
l'autre ; mais au sortir de leur besogne
commune ils se séparaient. Pierre rentrait
vitement chercher dans son paisible chez lui
le repos d'esprit agréable qu'il n'aurait su
trouver ailleurs ; Jean attendait le long des
quais, en fumant, ou sur la terrasse d'un petit
café, l'heure du souper. Si parfois il accompa-
gnait jusqu'au faubourg son ancien commensal,
il ne restait pas longtemps dans sa demeúre
d'autrefois qu'il trouvait maintenant triste et
trop lointaine.

C'était bien suffisant, disait-il, de rester
huit heures durant à travailler confiné dans
l'atmosphère surchauffée d'un bureau pour
n'aller pas encore au sortir entamer une autre
besogne. On avait bien gagné les quelques heures de flânerie du soir et les quelques douceurs
que l'on pouvait se payer, café, théâtre ou
autres. Il ne raisonnait pas mal en cela. Après
tout il était libre de vivre à sa guise et beaucoup l'auraient imité sans avoir le courage de
commencer à être ce qu'était Pierre. Mais où
il se trompait, c'est quand il pensait que ce
dernier était moins heureux que lui parce qu'il
dépensait ses loisirs à travailler. Non, certes,
es occupations de Pierre lui étaient un plaisir
en même temps qu'un profit sérieux. Il y
ouvait d'ailleurs parfaitement le délassement
de la journée, et son esprit non plus absorbé
ouvait se détendre à l'aise pendant que bras
nus, dans son jardin frais, il occupait ses
mains à de fructueuses besognes. Ce n'était
plus la même activité que tout à l'heure ; c'était

3

l'activité physique après l'activité intellectuelle. Il n'est pas meilleur repos à celle-ci que celle-là.

Les fruits qu'il en retirait valaient d'ailleurs bien la peine qu'il y prenait. A elle il devait son aisance présente et sa tranquillité future.

Jean, au contraire, était toujours à court d'argent, toujours en retard d'un terme, mangeant le salaire gagné avant de l'avoir touché; à cela rien d'étonnant. Rentré chez lui, que pouvait-il faire inactif sinon s'ennuyer? Aussi ne rentrait-il pas. Et la flânerie n'est-ce point l'occasion perpétuelle de la dépense, l'obsession constante de mille désirs, de mille envies, de mille tentations invincibles? N'ayant pas assez de force morale pour y résister il y cédait. D'ailleurs, il n'était point seul et devait suivre ses camarades sinon par passion personnelle du moins par entraînement, par imitation, par respect humain.

De là les longues stations devant les cafés, les débauches des théâtres, le jeu lui-même, jeu pas poussé au vice évidemment, mais où il perdait quand même toujours quelque chose. On finit toujours ainsi. De là par suite la disette de certains jours, la préoccupation des échéances prochaines, la faim elle-même quand trop en retard pour le paiement de la pension mensuelle il n'osait plus retourner au restaurant avant d'avoir réglé ses comptes. Ici, je ne veux point passer sans signaler à mes lecteurs une recette merveilleuse dont il lui arriva parfois d'user pour calmer les tiraillements de son estomac.

Cela fera sourire, cela paraîtra drôle; au fond ce n'est que triste.

C'est un procédé ancien que celui-là. Il aurait été employé, dit-on, par le philosophe Epiménide qui vécut cinquante ans dans une caverne sans que le vulgaire sût au juste ce qu'il pouvait bien manger.

On fait cuire de la scille ou de l'oignon; on le hache menu, on le mélange avec un cinquième de sésame et environ un quinzième de pavot; on broie le tout ensemble en ajoutant un peu de miel et l'on fait de cette pâte des boulettes de la grosseur d'une olive. En prenant une de ces boulettes vers huit heures du matin et une autre vers quatre heures de l'après-midi on ne saurait souffrir de la faim.

Le procédé est ingénieux, mais mieux vaut, n'est-ce pas, n'avoir pas besoin d'y recourir. Aussi est-il triste de penser que Jean fut plusieurs fois obligé d'agir ainsi.

Combien souvent aussi la bourse de Pierre s'ouvrit miséricordieuse et d'elle-même à la main de Jean, car Pierre était de ces rares amis qui bien qu'économes infiniment pour eux-mêmes savent secourir de leur argent ceux qui leur sont chers, un de ces rares auxquels on ne peut appliquer le proverbe : « Il n'est d'amis que jusqu'à la bourse », ou cet autre : « L'amitié est la fidèle compagne du bonheur et ne dure qu'autant que lui »; de ces rares qui font mentir les proverbes.

Il aurait même voulu, l'honnête Pierre, que Jean revînt comme autrefois vivre avec lui.

Il lui aurait ouvert ses bras et sa demeure

toute grande, et il le désirait même au point de vue de l'aide que son ancien commensal lui aurait été dans ses travaux.

Mais Jean avait pris trop de goût à sa liberté entière. Il fut contraint cependant par la nécessité d'y revenir dans une occasion où se manifesta encore le cœur et l'affection de Pierre. C'était deux ans environ après leur retour à Lyon ; Jean tomba malade et le médecin lui prescrivit de s'aliter, redoutant une fièvre typhoïde, prévision qui se réalisa d'ailleurs. Sans réserve aucune, Jean ne pouvait se faire évidemment soigner chez lui, et ce fut Pierre qui le recueillit, se fit un mois durant son garde-malade de jour et de nuit, et le fournisseur aussi de ces mille choses, remèdes ou fantaisies, indispensables aux malades.

Il n'avait point l'expérience des soins à donner n'ayant jamais soigné personne et n'ayant jamais été malade, sinon de bobos sans gravité qu'il traitait lui-même par des procédés à lui : il avait ainsi un excellent remède pour les engelures (17) et un mode de purgation fort efficace dans une eau de Sedlitz de sa façon (18). Mais il arriva promptement à l'expérience en cela comme en toutes choses par l'attention affectueuse qu'il y mit. Ses soins éclairés ne contribuèrent pas pour peu à remettre Jean sur pied en un temps relativement court.

Cette épreuve, qui ne corrigea point Jean, servit au contraire à Pierre qui avait l'habitude de tirer la morale de toutes choses et se prémunissait ainsi par avance contre les éventualités fâcheuses. On ne pense pas ordinairement à celle de la maladie qui cependant nous peut survenir au moment où nous nous y attendons le moins, et le plus souvent au moment où nous aurions le plus grand besoin de notre santé et de notre force physique. Pierre avait une constitution de fer qu'entretenait d'ailleurs sa vie saine et régulière ; il avait aussi assez d'économies pour parer surabondamment aux interruptions possibles de travail et aux dépenses extraordinaires de maladie ; mais il voulut mieux que cela encore, la vie l'avait instruit. Il se fit inscrire membre d'une société d'assurances contre la maladie. En versant une prime annuelle de 24 francs il obtenait sécurité pleine et entière pour les jours mauvais. Médecin, remèdes, soins personnels étaient choses auxquelles il aurait droit à titre gratuit si jamais quelque mal sérieux l'atteignait. Évidemment, si l'on a des chances d'être malade on en a aussi de ne l'être pas ; mais il ne faut pas dire de tels ou tels qui ont échappé au sort commun qu'ils ont perdu leur argent en s'assurant. Non certes ; ils n'ont point perdu leur argent. car, s'ils n'ont acquis en échange rien de matériel, ils ont acquis du moins ce quelque chose d'immatériel que j'ai nommé déjà, et qui est un inappréciable bien et le plus important élément du bonheur : la sécurité. La maladie de Jean, sans servir à celui-ci, avait donc servi à son ami.

On voit par ce parallèle continuel que j'établis entre les vies de mes deux héros l'intérêt immense qu'il y a à se faire dans le monde une règle de conduite bien fixe et déterminée dont l'on ne doit pas se détourner. Nous voyons en effet dans la période de neuf ans à travers laquelle je les ai suivis, qu'à l'un tout avait réussi parce qu'il avait su se guider, qu'à l'autre quelque chose faisait défaut chaque jour parce qu'il avait un esprit insouciant et frivole ; que celui-ci n'avait rien su acquérir que des dettes, que celui-là avait édifié la base d'un petit patrimoine qui allait s'accroître progressivement, comme on le verra plus tard.

# LIVRE III

Tel était Pierre Biron à l'heure de sa vingt-septième année. Il n'avait pas perdu son temps. Arrivé pauvre à Lyon, sans avenir, il avait employé cinq années de travail assidu et de persévérance habile à se créer une position sûre, à prendre une place dans la vie, et il allait commencer à pouvoir jouir de sa sécurité bien gagnée.

C'est à ce moment qu'il se maria. C'est là aussi un des grands événements de la jeunesse qui assure, dans une grande part, le bonheur ou le malheur de l'âge mûr. Avec l'esprit réfléchi que nous lui connaissons, ce qui n'excluait pas chez lui une grande délicatesse de sentiments et une imagination enthousiaste à ses heures, Pierre Biron n'était évidemment pas un de ceux qui cèdent à un emballement passager et nouent légèrement un lien qui pourrait plus tard leur être une indissoluble et insupportable chaîne. Il se maria parce qu'il avait trouvé une femme honnête et vaillante en même temps que conforme à ses rêves et à ses désirs,

La femme est dans le ménage le grand instrument du bon ordre et de l'aisance comme
elle est dans l'ordre intime le grand instrument
du bonheur. Elle est l'agrément et l'utilité de
la maison quand elle sait unir à un visage
aimable les qualités du cœur et celles de
l'énergie, du travail de l'ordre. Ce fut une de
ces vaillantes qui fixa le choix de Pierre.

Il se maria à vingt-sept ans. C'est l'âge
ordinaire et bien choisi auquel l'on doit accom-
plir cet acte. On est assez âgé pour avoir cette
expérience de vivre nécessaire au chef de
maison et de famille, sûre garantie de bonheur.
A cet âge aussi doit-on d'ailleurs régler sa vie
d'une façon plus sérieuse et uniforme. On est
encore assez jeune, certes, pour avoir un
cœur neuf accessible aux sentiments de ten-
dresse et à la joie de vivre deux.

De ce jour data une nouvelle phase de
l'existence de notre héros. Il était complet
maintenant, heureux et sans crainte. Mais il
se garda de perdre ses principes anciens et
sa conduite toujours semblable et régulière.
Seulement, il arrangea naturellement sa vie
de façon différente, selon sa nouvelle situation
et selon ses nouveaux moyens, sans cesser
d'être le travailleur qu'il avait été jusque-là.
Il eut dans sa femme un aide intelligent et
dévoué.

Je ne vais pas maintenant raconter en détails
cette nouvelle phase comme les deux premières. Ceci m'écarterait de mon sujet. Je n'ai
pas eu pour but, je le répète, de faire un
roman, mais seulement un petit manuel ins-

tructif d'économie familiale, si je puis m'exprimer ainsi. Je veux instruire avant d'intéresser, ou mieux instruire en intéressant; le second but n'est qu'accessoire au premier.

Je tracerai donc simplement et rapidement à grands traits l'évolution du patrimoine de Pierre en mentionnant d'un seul mot les principaux événements de sa nouvelle vie, et je tirerai la conclusion de tous ces faits de cet ensemble de développements que j'ai exposés.

Nous avons vu que Pierre avait maintenant 2,500 francs d'appointements, ce qui, avec l'apport de sa femme, consistant en une somme de 1,000 francs d'un revenu de 450 francs, subvint aux frais annuels du petit ménage largement.

Tout ce qui va résulter des petites industries que Pierre exploite va donc s'amasser, se cumuler, à intérêts composés, pour constituer cette petite fortune de plus tard dont je ne laisserai que soupçonner le chiffre.

Une circonstance heureuse vint favoriser le développement croissant de ses petites industries. La vieille propriétaire de Pierre vint à mourir, et celui-ci, qui s'était attaché à sa demeure, à son jardin, à tout cet ensemble d'objets de la vie quotidienne qui ont pour nous comme des valeurs intimes, parce qu'on est habitué à les voir sans cesse, racheta pour la somme de 2,000 francs la maison hospitalière.

Ces 2,000 francs furent pris sur la somme de 4,000 et quelques qu'il avait mis en dépôt chez son patron. De ce jour, il fut chez lui, seul maître, et put se livrer sans contrainte et sans gêne à ses occupations favorites. L'apiculture, la culture du cresson et des champignons en cave, la fabrication du fromage de Brie, furent la source d'un revenu chaque année croissant, et toujours économisé, dont voici le tableau :

2,000 francs la première année ;
3,000 francs la seconde année ;
3,000 francs la troisième ;
3,500 francs la quatrième ;
4,000 francs la cinquième ;
5,000 francs la sixième, et ainsi jusqu'à la dixième année. Somme totale, 4,000 francs. Dix ans après, en ajoutant à cette somme le montant des intérêts composés à 5 % une somme de près de 15,000 francs, on obtient le chiffre approximatif de 50 à 60,000 francs.

On s'étonnera peut-être de la progression de ces chiffres. Il est bien sûr que cette progression rapide n'est due qu'aux circonstances excessivement favorables qui entouraient l'emploi des moyens que j'indique. Réelle dans ce cas, exacte à la vérité, elle ne sera pas toujours telle. Mais de ces résultats étonnants on peut conclure que les résultats ordinaires seront quand même sérieux. Ces 60,000 francs que Pierre Biron a gagnés dans un laps de dix années se réduiront peut-être pour un autre à 30,000 francs, qu'il mettra vingt ans à gagner, ayant moins de temps à consacrer à ces industries ou des besoins plus nombreux de ménage à satisfaire. Mais n'est-ce point là un résultat enviable pour l'ouvrier, résultat

facile cependant, s'il a le courage de le pour-
suivre avec toute son énergie? Il peut l'atteindre sans mettre en action, comme mon héros,
tous les instruments de profit; il peut aug-
menter ses ressources très sensiblement en
en mettant en action quelques-uns seulement.
Ce sera une part nette de son économie, et
serait-ce la seule, j'estime qu'en y consacrant
en moyenne une heure de travail par jour il
pourra se créer un revenu annuel de 500 francs
au moins. N'est-ce point enviable et digne
d'études? Et notre livre ne mérite-t-il point
son titre?

Tel est le capital que Pierre possédait à
l'âge de trente-sept ans.

Ce capital lui servit de cautionnement pour
obtenir la place de commis caissier que la
confiance de son maître lui attribua.

Telle est la marche ascensionnelle que
suivit Pierre pour arriver à l'âge de quarante
ans à une splendide position qui s'embellit
encore. Je ne le suivrai pas plus longtemps.
Ce serait sortir de mon sujet. On comprendra
très bien maintenant que son patrimoine dut
s'accroître chaque jour sans qu'il eût besoin
de recourir encore à ces diverses industries
qui avaient été la cause première de sa fortune.
Son occupation plus sérieuse d'ailleurs lui
laissait peu de loisirs, et ces loisirs étaient
souvent eux-mêmes demandés par M. Smith,
son chef, qui le chargeait de besognes de confiance.

Ma tâche est donc finie et je crois avoir
atteint le but que je m'étais proposé. Je crois

vous avoir démontré suffisamment quels puissants agents de la fortune sont le travail d'une part, l'économie de l'autre. Or, ce sont là deux agents dont dispose tout homme énergique, et l'on peut conclure de cette considération que les courageux ont la voie ouverte devant eux pour s'élever quelle que soit leur naissance.

J'ai essayé de démontrer encore que les plus petits moyens amènent souvent de grands résultats, et que ce n'est point s'abaisser, mais seulement comprendre ses intérêts, que de se rendre apte à toutes besognes et de retirer profit des moindres choses. J'ai donné la véritable notion de l'économie domestique, qui n'est point de réduire le domaine du nécessaire et de satisfaire imparfaitement à ses besoins, mais de bien comprendre le nécessaire, et, par le confortable dans le nécessaire, d'éviter le désir du superflu. L'économie n'est point l'avarice. L'avarice est aussi haïssable que la prodigalité, plus haïssable même, car elle indique l'étroitesse du cœur et même celle de l'intelligence. Ne soyez pas avares, soyez économes : voilà quelle pourrait être la conclusion de ce petit livre avec cette autre : ayez foi dans l'avenir et cherchez toujours à monter. Mais quoique ne voulant pas faire un roman, et voulant même exclure de mon récit tout ce qui aurait pour but unique l'intérêt du lecteur, je veux quand même, pour sa satisfaction, ajouter un mot encore. Je ne veux point laisser dans une obscurité complète cet avenir que j'ai fait soupçonner sans le dévoiler.

On se demandera sans doute, si je m'arrête
là, ce que devint Pierre et ce que devint Jean ?

Je vais répondre.

Il est en ce moment à Lyon un fort riche
banquier qui a, en même temps qu'une réputation de richesse, une réputation d'intégrité
parfaite. Or ce banquier n'est autre qu'un des
fils de celui que j'ai appelé Pierre Biron.
Pierre Biron eut trois enfants, trois enfants
qui héritèrent de ses qualités morales, et qui
pour cela ont fait leur chemin dans la vie.
Leur père a su leur donner cette éducation
familiale dont je parlais au début de mon
livre. Il a su leur enseigner l'amour du travail,
du devoir et de l'économie ; il leur a légué
d'abord cet héritage avant celui qu'il leur
léguera plus tard à l'issue de sa vieillesse
heureuse et comblée. Ils ont fait leur chemin
et ont réussi. Tous trois ont une position
honorable et une situation splendide.

Quant à Pierre, il a gagné le repos qu'il
goûte, ce repos des vieux jours et ce légitime
orgueil que l'on a à regarder son ouvrage. Il
se rappelle et il raconte encore et toujours les
épisodes du passé ; les vieux aiment à se souvenir. Il n'a point de honte à se rappeler, et de
tous ces lointains souvenirs un seul lui est dou-
loureux, celui de Jean son ancien ami, disparu
maintenant et dont il n'a plus de nouvelles.
Jean, après avoir continué jusqu'à trente ans
son habituelle vie, fatigué de son travail quotidien toujours le même, condamné d'ailleurs
à ne pas avancer, car la confiance de ses chefs
ne lui était point acquise, s'est embarqué un

beau matin pour aller tenter fortune ailleurs.
Il n'a point dû réussir car il n'avait point la
force d'âme et l'énergie qui savent vaincre
l'adversité.

———————

# PRÉCIEUSES RECETTES

## LUCRATIVES ET INDISPENSABLES

### pour réaliser de petites économies

### Les mêmes employées par Pierre BIRON

---

**NOTA.** — Pour ceux de nos clients qui ne veulent pas se donner la peine de grouper eux-mêmes les matières nécessaires à la confection de nos recettes, nous leur indiquerons à la fin de cet intéressant volume les différentes maisons où ils pourront trouver toujours et tout préparés les divers produits utiles à leur fabrication.

# LIVRE IV

## FABRICATION ÉCONOMIQUE DU VIN DE RAISINS SECS

Achetez chez un droguiste des raisins secs de Couinska ou de Vourla; ces derniers, qui sont les moins chers, font un vin supérieur; une fois le raisin acquis, évitez de le laisser à l'humidité.

Voici maintenant la façon très simple de procéder :

Les celliers dans lesquels sont placées les cuves, doivent être aussi aérés que possible. Les cuves en bois d'une capacité de 50 hectolitres au maximum seront préférables; mais cependant, à défaut, on pourrait se servir de ceux qu'on possède. Ces récipients devront être d'une propreté parfaite et les parois débarrassées de toute espèce de végétation ou moisissure. Pour faciliter l'opération, une machine à écraser les raisins secs serait de toute nécessité.

La première préoccupation du fabricant sera de s'assurer que le raisin est bien divisé

4

et de ne point introduire dans la cuve des mottes compactes dans l'intérieur desquelles l'eau ne pourrait pas pénétrer, ce qui serait une cause d'irrégularité dans la fermentation.

L'opération commence par le mouillage des raisins qui a pour but de les remettre dans l'état se rapprochant le plus possible de celui dans lequel ils se trouvaient à l'état frais. C'est l'opération du gonflement.

On commence par verser dans une cuve la quantité d'eau nécessaire pour celle de vin que l'on veut obtenir avec les raisins, que l'on y verse ensuite en les remuant bien, afin de les disperser et de permettre à chacun d'eux de prendre de nouveau le principe aqueux dont ils étaient privés.

La quantité d'eau, la plus pure possible, varie naturellement suivant le degré alcoolique auquel on prétend.

Pour 100 kilogrammes de raisins secs, 150 litres d'eau donneront un vin atteignant en moyenne de 18 à 20°; avec 300 litres d'eau on n'aura plus que 8°5 à 10°. L'opérateur peut calculer ses résultats d'après ces deux limites extrêmes.

Le mouillage dure de 48 à 50 heures, suivant la température. Il est reconnu suffisant lorsque le raisin rappelle l'aspect de raisins frais ordinaires, et s'il se crève en éclatant, quand on le presse entre le pouce et l'index.

Il est de toute nécessité d'écraser les raisins avant d'obtenir le moût et de les préparer à la fermentation. Cependant, on s'étonne de voir avec quelle persistance, dans la plupart des pays vinicoles, le foulage continue à ne pas se faire autrement que par des hommes avec leurs pieds.

Et pourtant les machines, en général, rendent de 4 à 5 % de vin en plus que par le foulage avec les pieds.

On comprend facilement l'importance d'un bon foulage. Il est essentiel que cette opéra-tion soit faite entièrement, car si on laisse dans la cuve en fermentation des grains entiers, le jus qu'ils contiennent ne fermentent pas, et c'est ce qui bien souvent, surtout dans la fabrication des vins de raisins secs, occa-sionne plus tard des fermentations secon-daires.

La machine dont on se sert d'ordinaire à cet effet est composée de deux cylindres can-nelés qu'une manivelle met en mouvement. Sur les cylindres un entonnoir en bois reçoit les raisins qui sortent écrasés au-dessous. Ces cylindres cependant doivent être éloignés l'un de l'autre de telle manière que les pépins ne soient pas écrasés, car l'huile essentielle qu'ils contiennent communiquerait au vin un goût désagréable.

Pour la fermentation et le soutirage, on procède comme pour la vendange ordinaire.

# MANIÈRE DE RÉPARER SANS COUDRE

## LES ACCROCS DES VÊTEMENTS

Lorsqu'un habit a reçu un accroc, pour si bien raccommodé que soit cet accroc, il reparaît toujours, ce qui enlève à l'habit toute sa valeur. Voici pourtant un moyen bien simple qui permet de réparer solidement et sans fil la déchirure la plus grande :

Prenez une feuille très mince de gutta-percha que vous appliquez à l'envers sur la déchirure, passez un fer chaud sur le tout. La gutta-percha, qui fond à 40°, se dissout et soude les parties en contact, qui se trouvent désormais solidement et parfaitement rejointes.

Une fois que cette déchirure est réparée, vous pouvez sans crainte aucune remettre votre habit sur lequel il ne sera resté aucune trace.

---

## Moyen de faire à froid une excellente Bière

La bière est sans contredit la plus rafraîchissante de toutes les liqueurs.

Voici un procédé très simple et en même temps très économique :

Prenez un hect. d'eau, 2 kilog. 1/2 de houblon, 100 grammes de fleurs de houblon, 50 grammes de racine de gentiane, 50 grammes de levure de bière ;

Faites d'abord infuser le houblon et la gentiane dans un litre 1/2 d'eau, délayez ensuite la mélasse et levure dans une partie d'eau, et versez le tout dans un tonneau, brassez et laissez fermenter. Six à huit jours suffisent pour rendre cette bière bonne à boire et elle ne revient qu'à un centime 1/2 le litre.

---

## Moyen pour conserver les Châtaignes fraîches

### pendant un an et plus.

Pour conserver la fraîcheur aux châtaignes, il suffit de les placer en novembre ou décembre dans des vases clos et d'enfouir ces vases dans un tas de terre sablonneuse et sèche.

La *Science pratique* indique cet autre moyen : Remplir d'eau froide de grands cuviers et y verser les châtaignes à mesure qu'on les ramasse; après un trempage de 15 à 20 heures, on les retire et on les met à égoutter à l'ombre; quand elles sont bien essuyées on les place lit par lit dans du sable sec. On réussit par ce moyen à avoir des châtaignes fraîches pendant la plus grande partie de l'année.

# MOYEN POUR REMETTRE A NEUF

## LES VIEUX CHAPEAUX DE PAILLE

On enlève d'abord la coiffe et tous les orne-
ments, puis, si le chapeau est tiqueté, on le
fait tremper pendant deux ou trois heures
dans de l'eau acidulée de sel d'oseille ou dans
une dissolution d'eau de javelle ou de jus de
citron. Cela fait, on frotte la paille avec une
légère dissolution de potasse, on repasse
à l'eau acidulée en frottant de nouveau avec
l'éponge pour enlever la teinte jaune de la
paille, qu'on met ensuite dans un bain d'eau
de savon, puis qu'on passe au soufre. Le sou-
frage terminé, on mouille uniformément le
chapeau avec une éponge imbibée d'un
mélange tiède de gélatine blanche, de savon
blanc et d'un peu d'alun. Vient ensuite la
dernière opération, le repassage du chapeau
avec un fer chaud, en ayant soin de mettre
entre le fer et la paille un papier pour ne pas
roussir.

---

# LE SAVON DU PAUVRE

Ce savon, qui ne coûte que la peine de le
recueillir, c'est la terre glaise. Il nettoie

rapidement et complètement toute espèce de lainage et les coutils écrus et de couleur.

Voici la manière de s'en servir :

On fait détremper de la terre glaise dans un peu d'eau pendant un quart d'heure. Pour le dégraissage d'un vêtement complet en drap, on délaye 2 kilogrammes de terre glaise environ dans un litre d'eau et on répand cette espèce de purée sur les vêtements à dégraisser que l'on a placés dans un baquet. On ajoute peu à peu de l'eau à mesure qu'elle est absorbée par les étoffes, puis, quand les étoffes sont bien imprégnées sans être noyées dans le liquide, on les pétrit, comme s'il s'agissait d'un savonnage. Au bout de quelques minutes, on rince les vêtements à grande eau et on les retire parfaitement nettoyés.

Les coutils ne conservent les nuances du neuf que par ce moyen bien connu des dégraisseurs.

---

## PATE AUTOGRAPHIQUE POUR TIRER 100 EXEMPLAIRES

Pour fabriquer cette pâte, prenez 500 grammes de glycérine, 100 grammes de colle forte blanche, 25 grammes de glucose, 300 grammes de gélatine; faites bien fondre le tout au bain-marie et versez dans un couvercle de boîte en fer-blanc, étain, etc., de la grandeur que vous voudrez. Vous avez, avec les quantités précitées, de quoi vous faire une jolie plaque de 0,25 centimètres de large sur 0,30 de long et 0,01 centimètre d'épaisseur. On écrit d'abord sur le papier ordinaire avec l'encre autographique, on décalque sur la plaque des lettres circulaires et on applique ensuite les feuilles de papier en blanc pour les retirer toutes imprimées.

---

## Moyen de fabriquer soi-même des Briquettes de Chauffage
### à bon marché.

Voici une recette de briquettes qui brûlent très bien et donnent en même temps beaucoup de chaleur. Ces briquettes peuvent être employées pour la cheminée ou la chaufferette.

Prenez 600 grammes de charbon de bois (braise) réduit en poudre fine, 300 grammes d'argile, 30 grammes de sel de cuisine, 20 grammes d'azotate de potasse.

Faites dissoudre le sel et le salpêtre dans une quantité d'eau suffisante pour obtenir du tout un amalgame qu'on divise après mélange parfait et auquel on donne la forme choisie; laissez sécher. Vous pouvez ensuite les utiliser.

## Moyen pour enlever les taches d'huile, de graisse, de bougie, de cire, sur les livres ou dessins.

Après avoir enlevé le plus gros avec un couteau, on place la feuille de papier taché entre deux feuilles de papier brouillard, et l'on pose à diverses reprises, sur l'endroit qui recouvre la tache, une cuillère d'argent chargée de charbons ardents, en ayant soin de changer la place de papier brouillard à mesure qu'il est sali, puis on enduit au moyen d'un pinceau les deux côtés du papier pendant qu'il est encore chaud d'une légère couche d'essence de térébenthine presque bouillante; on rend ensuite au papier sa blancheur, en imbibant d'alcool rectifié la place qui était tachée. Avec certain papier, il suffit quelquefois de tamponner la place tachée avec du coton imbibé de benzine. En ce cas, la feuille tachée doit être placée sur un petit matelas de papier brouillard.

# VÊTEMENTS NOIRS RAPÉS

### MOYEN DE LES REMETTRE A NEUF

Faites-les tremper dans l'eau froide pendant une demi-heure, retirez-les ensuite et étendez-les bien sur une planche, puis brossez les endroits rapés avec une carde de chapelier à demi usée et remplie de bourre de laine. Cela fait, pendez les vêtements pour les faire sécher, et brossez-les dans le sens du poil avec une brosse rude. Ce procédé les fait paraître entièrement neufs.

# ÉCLAIRAGE ÉCONOMIQUE

La recette suivante, expérimentée en Belgique, donne un liquide éclairant bien, dont le prix est d'environ 7 centimes le litre.

Dans un litre d'eau de pluie, faites dissoudre 60 grammes de sel de soude; agitez.

Cette composition brûle avec un pouvoir éclairant aussi grand que l'huile minérale, donne une lumière aussi blanche, et son emploi est absolument sans danger.

# VINAIGRE DE BULLY

Prenez 940 grammes d'eau de Cologne, mélangez avec 10 grammes de teinture de benjoin et 50 grammes de vinaigre radical, et vous obtiendrez le meilleur cosmétique de toilette.

---

## POUR ENLEVER LE MAUVAIS GOUT AUX FUTS

Faites infuser des feuilles de pêcher et versez cette infusion toute chaude dans le fût que vous bouchez hermétiquement ; videz-le quelque temps après, et tout mauvais goût aura disparu.

---

### Lotion pour pouvoir marcher longtemps sans fatigue

Un grand nombre de personnes ont les pieds tellement délicats qu'au bout d'une heure de marche ils sont obligés de s'arrêter, ne pouvant plus faire un pas en avant.

Voici un moyen qui leur permettra de marcher longtemps, et cela sans ressentir la moindre fatigue.

Il suffit d'immerger fréquemment les pieds dans une décoction d'écorce de chêne jusqu'à durcissement suffisant.

***

## PROCÉDÉ POUR CLARIFIER L'EAU SANS FILTRE

Aux personnes qui ont quelques difficultés à se procurer une eau saine et pure, nous recommandons le procédé suivant : mettre 10 grammes d'alun (sulfate d'alumine) dans un seau d'eau ; cette quantité suffit pour clarifier les eaux les plus malsaines ; les impurétés se précipitent au fond du récipient et le liquide devient aussitôt cristallin.

***

## DESTRUCTION RADICALE DES PUCES

Voici un excellent moyen pour détruire radicalement la vermine qui pullule si souvent sur le dos des chiens et des chats.

Dans de l'huile de lin, délayez un peu de soufre et frictionnez-en toutous et minets ; les puces meurent aussitôt l'opération faite. Ce moyen est efficace et à la portée de tout le monde.

# DESTRUCTION DES MOUCHES

La plupart des substances employées pour tuer les insectes ont cet inconvénient qu'elles contiennent des principes toxiques et sont par suite un danger pour le cas où des insectes intoxiqués tomberaient sur les aliments.

Faites donc vous-même la préparation suivante :

Prenez chez le pharmacien 8 grammes de quassia amara, que vous faites bouillir dans 300 grammes d'eau ; passez et ajoutez 125 grammes de mélasse. Cette préparation inoffensive est placée dans des assiettes, les mouches s'y précipitent... et y restent.

---

# EAU DE TOILETTE ÉCONOMIQUE

Voici la recette d'une eau de toilette qui ne le cède sous aucun rapport, aux spécialités les plus recommandées.

Dans un litre d'alcool, faites infuser 40 grammes de sommités fleuries de romarin, 10 grammes de lavande et la même quantité de marjolaine sèche que vous vous procurez chez le premier herboriste venu; laissez macérer quinze jours, filtrez et mettez en flacons. Quelques gouttes dans l'eau avec laquelle on se lave la parfument et entretiennent l'éclat, la finesse et la souplesse de la peau.

---

## LIQUIDE POUR ACTIVER LA VÉGÉTATION

Si vous voulez voir rapidement lever les graines que vous avez semées, ayez soin d'arroser plusieurs fois la terre avec une préparation composée de 1 kilogramme de chlorure de calcium pour 30 litres d'eau.

Le même liquide peut aussi servir pour donner de la vigueur aux arbres et en activer la végétation. Dans ce cas, on bêche le pied de l'arbre, puis on arrose plusieurs fois, à quelques jours d'intervalle.

---

### Moyen d'avoir des artichauts pendant toute l'année

Il suffit de les couper par quartiers, en ayant soin d'ôter le foin, puis de les faire blanchir à l'eau bouillante et les introduire dans des flacons ou bouteilles qu'on met pendant deux heures au bain-marie.

Les récipients, bien bouchés, sont alors

placés dans un endroit frais et sec d'où on ne
les retire qu'au fur et à mesure de la consom-
mation.

---

### Moyen de rendre leur fraîcheur aux bouquets fanés

Quoi de plus beau que les fleurs dont la
nature est si prodigue; mais aussi quel cha-
grin de les voir se faner aussi vite.

Si vous voulez conserver ces fleurs ou
rendre à celles qui sont fanées leur éclat
primitif, trempez le bas des tiges dans l'eau
bouillante, et quand la fraîcheur sera revenue,
coupez les extrémités qui ont été dans l'eau
chaude et replacez le bouquet dans un vase
contenant de l'eau fraîche.

---

### PROCÉDÉ POUR LA FABRICATION DU COLD-CREAM

Le cold-cream, cosmétique agréable et
utile contre les irritations de la peau, remplace
très avantageusement le cérat ordinaire.
Mettez liquéfier à une chaleur douce 60 grammes de blanc de baleine et 30 grammes de
cire blanche dans 215 grammes d'huile
d'amandes douces.

Versez le mélange dans un mortier de marbre chauffé, triturez jusqu'à refroidissement. Ajoutez alors 30 centigrammes d'huile volatile de roses; prenez 15 grammes de teinture de benjoin passée à travers un linge; mêlez cette teinture à 60 grammes d'eau de roses et incorporez le mélange peu à peu, par petites parties, dans le cold-cream.

## GUÉRISON DES ENGELURES

On fait bouillir du son et on y plonge les mains sitôt qu'on peut en supporter la chaleur; on les y laisse au moins une heure en entretenant le liquide toujours à la même température; au sortir de ce bain, on se frotte les mains avec du beurre de cacao ou avec de la graisse de volaille crue, qu'on présente au feu pour la ramollir, ou mieux encore avec de la pommade camphrée, puis on les recouvre avec un gant qu'on doit garder au moins une heure et même toute la nuit.

Si les engelures se trouvent aux pieds, on procède de même en les entourant d'un linge sec et chaud.

Si les engelures ne sont pas ouvertes, on peut les frotter avec de la pommade d'iode.

On soigne les engelures entamées par le procédé suivant :

Après le bain de son, on leur fait une petit

lotion d'eau saturée et on les couvre de pommade camphrée étendue sur du papier brouillard qu'on recouvre de plumasseaux de charpie avant de bander la plaie ; on se sert aussi avec avantage de la glycérine pour enduire les engelures.

Il est d'autres remèdes tels que l'huile de laurier, l'eau de Goûlard employées en compresses, l'eau de mer, l'eau de moules ou d'huîtres employées tièdes en bain ou en lotion, ou encore des frictions d'eau-de-vie camphrée ; mais ces remèdes opèrent chez certaines personnes et sont sans aucun effet chez d'autres ; seule l'expérience pourra indiquer ce que ces remèdes peuvent valoir.

## Moyens de rendre la chaussure imperméable

Dans un pot de terre, faites bouillir 125 grammes de cire jaune avec 125 grammes de suif de mouton, 5 grammes de résine et un demi-litre d'huile d'œillettes ; étendez sur les chaussures bien sèches le mélange encore tiède.

Autre procédé : faites fondre en remuant 250 grammes de suif de bœuf en branche, 60 grammes de graisse de porc, 30 grammes d'huile de térébenthine, 30 grammes de cire jaune, le même poids d'huile d'olive.

Cette composition, qui s'emploie de la même manière que celle dont il a été parlé ci-dessus, se conserve dans un pot de grès ou de faïence ; chaque fois qu'on veut s'en servir, il faut la faire fondre.

Voici une composition supérieure aux précédentes pour les semelles : dans un pot de terre vernissé, faites fondre du bon goudron avec un peu de gomme élastique coupée en lames minces et ramollie préablablement au-dessus de la vapeur d'eau chaude, remuez avec une cuiller de bois, et lorsque la gomme est parfaitement dissoute, appliquez au moyen d'un pinceau une couche de ce mélange encore chaud sur la couture de la semelle que vous tenez près du feu en ayant soin de laisser le long du bord de cette semelle un petit espace non recouvert; enduisez ensuite toute la surface et renouvelez cette opération jusqu'à ce que la couche ait atteint l'épaisseur de deux cartes à jouer; laissez enfin sécher la chaussure.

---

## NETTOYAGE DES ÉTOFFES

### MOYEN POUR RÉTABLIR LES COULEURS ALTÉRÉES

Pour rétablir les couleurs altérées sur les étoffes par les acides incolores, vinaigres, citrons, oranges, etc., mouillez la tache avec de l'alcali volatil ou ammoniaque liquide étendu d'eau, jusqu'à ce que la couleur soit rétablie, lavez et frottez avec un linge fin pour sécher. Si la tâche ne disparaît pas, on ajoute du sel d'oseille.

On se règle sur le plus ou le moins de solidité de la nuance pour la force des dissolutions que l'on emploie. Si l'altération provient des fruits rouges, il faut commencer par laver avec de l'eau.

---

## ESSENCE A DÉTACHER

Dans un demi-litre d'alcool, mélez 5 grammes d'essence de citron et 10 grammes d'essence de menthe; ajoutez 80 grammes de savon blanc, la même quantité de fiel de bœuf; versez sur la tache, frottez avec un linge et un autre linge par-dessous l'étoffe.

Cette composition ne laisse aucune mauvaise odeur.

---

## MANIÈRE DE FABRIQUER SOI-MÊME UN MICROSCOPE

On n'a pas toujours de microscope à sa disposition lorsque l'on veut examiner un petit objet. Voici deux petits joujous faciles à fabriquer soi-même et qui peuvent être d'une certaine utilité.

On prend une vieille carte de visite ou un morceau de carton quelconque que l'on noircit en le trempant dans l'encre; quand il est séché, on y perce un tout petit trou à l'aide d'une aiguille très fine. En regardant par ce petit trou appliqué en face de la prunelle, on voit avec un grossissement considérable tout objet placé à deux ou trois centimètres au delà du carton, sur le prolongement de la ligne formée par la prunelle et le trou. L'objet ainsi regardé est grossi de trois à dix fois suivant le degré de petitesse du trou.

### Autre manière de procéder

Le microscope dont la description suit peut grossir de cent à cent cinquante fois. On a une mince lame de plomb ou de laiton, on y perce un trou à l'aide d'une fine alène ou d'une grosse aiguille, on laisse tomber sur ce trou une goutte d'eau limpide, juste assez volumineuse pour l'emplir complètement. L'objet à examiner doit être placé immédiatement au-dessous du globule formé par la goutte d'eau.

---

### Procédé pour fabriquer soi-même des Veilleuses économiques

Voici un moyen bien simple et peu coûteux de se procurer à volonté une lumière à peu près égale à celle que produit une lampe de nuit ordinaire.

Choisissez pour cet objet une fiole de verre clair blanc et de forme longue, placez-y un morceau de phosphore de la grosseur d'un pois, sur lequel vous versez, en prenant les précautions d'usage pour éviter que la bouteille n'éclate, de l'huile d'olive fine, préalablement chauffée jusqu'à l'ébullition ; lorsque la fiole est au tiers pleine, bouchez-la soigneusement. Toutes les fois que vous voulez vous en servir débouchez-la pour renouveler l'air, puis refermez de suite ; l'espace vide de la fiole paraît lumineux et donne une clarté suffisante pour qu'on puisse voir parfaitement l'heure sur le cadran d'une montre. Quand la lumière disparaît, vous n'avez qu'à donner de l'air et remettre le bouchon ; elle reparaît à l'instant.

Dans les temps froids, il est bon, avant d'ouvrir la bouteille, de la réchauffer pendant quelques instants entre les mains.

On a remarqué qu'une bouteille ainsi préparée, qu'on appelle bouteille lumineuse, dont on se servirait toutes les nuits, pouvait durer pendant six mois.

---

## MOYEN DE FAIRE DE LA GLACE EN ÉTÉ

Voici un moyen très simple et qui réussit toujours.

Prenez un vase cylindrique en grès, dans

lequel vous verserez 100 grammes d'acide sulfurique et 50 grammes d'eau, ajoutez-y 300 grammes de sulfate de soude en poudre; au milieu de ce mélange placez un petit vase contenant l'eau que vous voulez transformer en glace, couvrez le vase et remuez doucement le tout. Au bout de quelques minutes, l'eau du petit vase sera convertie en glace. Vous pouvez vous servir du même mélange pour obtenir un deuxième bloc de glace et souvent un troisième.

Cette opération doit autant que possible se faire dans un endroit frais, une cave par exemple.

## MOYEN DE NETTOYER

### LES BOUCHONS AYANT DÉJA SERVI

Mettez-les dans un baquet d'eau contenant de un à deux dixièmes d'acide sulfurique; au bout d'un jour, ils sont nettoyés, propres et ne conservent aucune odeur de moisissure. Lavez-les à l'eau bouillante, puis à l'eau froide, et vous pouvez alors vous en servir pour le bouchage des bouteilles de vin ordinaire, de bière, etc.

## COLORATION ARTIFICIELLE DES OISEAUX

Saviez-vous que les serins nourris avec du poivre de Cayenne changent peu à peu de couleur et passent du jaune au rouge? Le poivre de Cayenne contient une matière tinctoriale, un principe irritant et une huile. Quand on extrait les deux dernières substances par macération dans l'alcool, le poivre perd ses propriétés colorantes; mais une simple addition d'huile d'olive suffit pour les lui rendre. On conclut de ce fait que le principe huileux du poivre est le véhicule nécessaire de la couleur.

---

## NETTOYAGE DU CUIVRE ET DE L'ARGENT

Pour faire ce nettoyage, n'achetez jamais de l'eau de cuivre qui est un poison violent dont il faut se méfier. Voici un procédé plus simple et beaucoup plus économique : il suffit seulement de les frotter avec des feuilles d'oseille.

Le même procédé se recommande aux ménagères qui veulent blanchir leur argenterie noircie par les œufs ou par un usage quelque peu prolongé. L'eau ayant servi à faire bouillir des pommes de terre est également très bonne pour ce nettoyage.

---

## Comment on peut faire un bouquet

### AVEC PEU DE FLEURS

Dans un carton un peu fort découpez d'abord un cercle d'un diamètre légèrement supérieur à celui de l'ouverture du vase dans lequel vous avez l'intention de déposer vos fleurs; tracez au compas des circonférences concentriques sur votre disque de carton, et à l'aide d'un poinçon percez des trous qui suivront les circonférences tracées.

Placez ensuite votre rond de carton sur le bord supérieur du vase, lequel est rempli d'eau au préalable, et enfilez une à une les tiges de vos fleurs dans les trous du disque.

Vous obtenez ainsi, avec relativement peu de fleurs, un bouquet du plus gracieux aspect, et qui, en outre, a l'avantage de durer plus longtemps que les bouquets ordinaires, étant donné que dans ceux-ci les fleurs généralement trop serrées se gênent mutuellement.

## *Extinction rapide d'un feu de cheminée*

Aussitôt qu'un feu de cheminée a été découvert, enlever du foyer le combustible qui donne de la flamme, jeter sur les charbons ardents une poignée de fleur de soufre, puis obstruer l'orifice de la cheminée avec un drap mouillé.

L'oxygène se trouve alors remplacé par de l'acide sulfureux qui éteint les corps en combustion.

La réussite est assurée au bout de quelques minutes.

---

## MOYEN POUR FABRIQUER SOI-MÊME

### Des encres secrètes ou sympathiques

On donne le nom d'encres sympathiques à des liquides incolores servant à écrire et qui ne deviennent visibles que sous l'action de certains réactifs ou de la chaleur.

L'usage de ces sortes d'encres est très ancien. Leur emploi permet de tracer des caractères secrets qui ne deviennent visibles que pour ceux qui ont le moyen de les faire apparaître.

Il existe un grand nombre de liquides qui

servent d'encres sympathiques. Nous ne parlerons que des plus importants, en commençant par les plus simples :

1º Trempez une plume neuve dans du jus d'oignon, du suc de citron ou d'orange. Ces liquides étant incolores, rien ne sera visible lorsque vous aurez écrit sur une feuille de papier ; mais si après avoir laissé sécher l'écriture vous l'exposez à l'action de la chaleur, ils deviendront aussitôt apparents et se détacheront en rouge ou en brunâtre suivant le liquide que vous aurez employé.

2º Prenez du chlorure de cobalt très pur, (un gramme est bien suffisant pour la préparation de l'encre), dissolvez ce chlorure de cobalt dans trois fois son poids d'eau, de manière à obtenir une dissolution incolore.

Avec cette encre, écrivez, au moyen d'une plume en acier neuve, sur une feuille de papier quelconque.

Tant que l'écriture sera fraîche, elle sera très légèrement rosée ; mais en séchant, elle deviendra complètement invisible. Pour la rendre apparente il suffit d'approcher le papier du feu et les caractères se détacheront en bleu intense. Dès que le papier commence à se refroidir les caractères s'affaiblissent et bientôt disparaissent complètement.

Si l'action de la chaleur n'a pas été trop forte, on peut ainsi faire disparaître plusieurs fois de suite l'écriture.

Si vous voulez faire ressortir l'écriture non plus en bleu, mais en vert émeraude, au chlorure de cobalt ajoutez quelques centigrammes de chlorure de nickel, et le résultat sera obtenu.

3º Faites une solution de sulfate de fer, un gramme de sel pour quatre grammes d'eau, et écrivez avec cette encre : les caractères ne deviendront visibles que si vous trempez le papier séché dans une dissolution de ferro-cyanure de potassium (un gramme dans six grammes d'eau).

Les caractères tracés avec une solution de sulfate de cuivre deviennent apparents lorsqu'on expose le papier au-dessus d'un vase contenant de l'ammoniaque ou alcali volatil.

---

### Moyen d'argenter soi-même toute espèce de substances

Avant de commencer ce travail, préparez les deux solutions suivantes :

1º Mélangez ensemble 2 grammes de chaux caustique, 5 grammes de sucre de raisin ou de miel, 2 grammes d'acide gallique, le tout dans 650 grammes d'eau distillée pure. Filtrez le mélange et conservez-le dans des bouteilles bien pleines et bien bouchées.

D'un autre côté, dans la même quantité d'eau que ci-dessus, mélangez 20 grammes d'azotate d'argent que vous faites dissoudre dans 20 grammes d'ammoniaque liquide.

Ce n'est qu'au moment d'opérer qu'il faut mêler les deux solutions ci-dessus; il faut que la quantité de l'une soit égale à la quantité de l'autre ; filtrez le mélange.

Voulez-vous maintenant argenter la soie, la laine, des cheveux, du lin ou des tissus quelconques ? commencez à les laver avec soin, immergez-les un instant dans une solution saturée d'acide gallique ; immergez-les ensuite dans une solution de vingt parties d'azotate d'argent pour mille parties d'eau distillée ; recommencez alternativement les deux immersions jusqu'à ce que l'objet ait acquis une légère nuance d'argent. Plongez-le alors dans la double solution dont nous avons donné la recette ci-dessus, jusqu'à ce qu'il soit complètement argenté ; ensuite faites-le bouillir dans une solution aqueuse de sel de tartre, lavez-le et faites-le enfin sécher.

Voulez-vous argenter des os, de la corne, du cuir, du papier ? remplacez les immersions par des lavis au pinceau. Pour le verre, le cristal, la porcelaine, lavez soigneusement l'objet avec de l'alcool, essuyez-le et traitez-le par la solution composée, versée dans des cuvettes plates en verre, en terre ou en gutta-percha ; laissez précipiter l'argent 2 ou 3 heures ; activez, en élevant la température du liquide ou des objets, faites sécher, lavez dans de l'eau distillée, couvrez le tout d'un vernis protecteur.

Voulez-vous maintenant argenter des métaux ? décapez-les d'abord à l'acide azotique ; frottez la surface avec un mélange de cyanure de potassium et de poudre d'argent ; lavez à l'eau distillée, plongez alternativement les objets dans la solution n° 1 et n° 2, jusqu'à ce qu'ils soient bien argentés.

Le fer a besoin d'être préalablement plongé dans une solution de sulfate de cuivre.

Avec la modique somme de 2 fr. 50, vous pouvez obtenir un litre du liquide composé ci-dessus.

Pour argenter des rubans de soie, on dessine sur l'étoffe avec un pinceau ou une plume neuve, en se servant d'une dissolution de nitrate d'argent, dans laquelle on a mis un peu de gomme pour qu'elle ne soit pas aussi coulante; on laisse sécher pendant quelques instants et on place ensuite la partie sur laquelle on a écrit au-dessus d'un vase, dans lequel se trouve du zinc, de l'eau et un peu d'acide sulfurique.

Après quelques temps, l'argent se réduit et adhère assez fortement à l'étoffe.

Des arabesques, des guirlandes exécutées de cette manière sont du plus joli effet.

---

## GUÉRISON DE LA MIGRAINE

Coupez un citron frais par le milieu et appliquez chacun des morceaux à l'endroit de la section et en serrant fortement contre les tempes.

---

## GRAVURE SUR LE VERRE ET LES MÉTAUX

Faites d'abord les dessins au crayon gras et repassez dessus avec une plume trempée dans l'acide fluorhydrique.

---

## LOTION CONTRE LA CHUTE DES CHEVEUX

Plusieurs chimistes se sont enrichis en vendant les lotions les plus diverses' contre la chute des cheveux. Voici la meilleure de toutes et la plus simple : sublimé, 1 gramme; eau, 500 grammes. Parfumez à une essence quelconque, bergamotte ou violette, à votre choix, et vous aurez, pour 60 ou 70 centimes, demi-litre d'un régénérateur qui coûte de 6 à 8 francs dans le commerce.

---

## COMPOSITION DE L'EAU PURGATIVE DITE DE SEDLITZ

Mettez dans un demi-litre d'eau 25 grammes de sulfate de magnésie, exprimez-y le jus entier d'un citron, et ajoutez demi-verre d'eau de menthe.

---

## Fabrication à bon marché des Vitraux d'appartements

Sur du papier un peu fort de pâte très blanche, tracéz au crayon gras et en appuyant très fortement les dessins dont vous voulez orner votre vitrail. Il va sans dire qu'au préalable le papier aura été coupé selon la dimension très exacte du carreau qu'il doit recouvrir. Une fois votre dessin obtenu au crayon noir, colorez en rouge, jaune et bleu les diverses cases dont il se compose. Employez des couleurs à l'eau avec les trois couleurs vives que nous venons de donner, vous en aurez suffisamment pour toutes sortes de vitraux, les autres couleurs ne s'obtenant qu'avec mélange de celle-ci. Ne pas oublier d'ailleurs qu'un vitrail n'admet pas les demi-teintes et que les tons vifs rouges, jaunes et bleus sont les seuls qui produisent bon effet.

Quand le vitrail est fini, un mélange de $2/3$ d'huile et $1/3$ d'alcool lui donnera le transparent voulu, et vous n'aurez plus qu'à laisser sécher et à fixer ensuite sur le carreau en humectant légèrement les bords de gomme arabique.

---

# POUR FABRIQUER UN DENTIFRICE

Le meilleur, le plus antiseptique et le plus inoffensif des dentifrices consiste à mettre 30 grammes de borax dans un litre d'eau, jusqu'à ce que l'eau soit saturée de borax. On n'a qu'à filtrer ensuite et parfumer à l'essence préférée. Certains dentistes vendent cette préparation en petits flacons et en retirent, par ce procédé, de 25 à 30 francs le litre. Il est vrai qu'ils y ajoutent un peu d'alcool et de fuschine pour colorer.

## CULTURE DES CHAMPIGNONS EN CAVE

*(Recette pour les produire).*

Pierre usa encore d'une grande cave fraîche et commode que possédait sa propriétaire pour se livrer à la culture des agarics comestibles ou champignons de couche. Ces champignons sont d'une récolte très abondante et n'ont jamais occasionné le moindre accident. Voici comment il arrivait à en produire d'excellente qualité.

Il achetait du fumier de cheval contenant peu de paille, fumier trié et fort saturé d'urine, lo déposait en tas, le laissait fermenter un mois, le remuait ensuite à deux reprises à une dizaine de jours de distance, l'arrosait légèrement, et obtenait ainsi huit jours après un fumier à peu près froid, brun et gras, tout prêt à la fabrication des meules.

Il établissait ses meules sur un sol ferme et sec par petits tas de fumier en dos d'âne de 0,60 centimètres de hauteur et les tassait fortement. Une semaine après, ayant préalablement constaté la chaleur de la meule qui ne doit pas dépasser 18 degrés, il lardait le fumier de blanc de champignon(*) par petites galettes de 5 centimètres sur 8, distantes entre elles de 30 centimètres environ. Quinze jours après des filaments blancs apparaissaient entrelaçant le fumier. Quand les meules étaient entièrement blanches il les recouvrait d'une couche de 3 centimètres de terre légère et bien tamisée, et le mois suivant il pouvait commencer la cueillette, cueillette qui peut se faire tous les deux jours et dure deux ou trois mois sur les mêmes meules, à la condition de les arroser de temps à autre et de combler avec du terreau les trous résultant de l'arrachage.

Pierre avait disposé ainsi 25 mètres carrés de meules et il retira de la vente quotidienne de ces champignons d'excellente qualité un revenu net de 1,000 francs la première année,

(*) On trouve le **blanc de champignon** pour établir les premières meules chez M. Laclau aîné, rue Alsace, 22, Toulouse. Prix la boîte.... **1 fr. 75**

soit une moyenne de 4 francs par jour durant les huit mois que dura sa récolte, en renouvelant les meules trois fois.

Il conserva des blancs de la récolte présente pour celle de l'année suivante, qui presque sans aucun frais lui rapporta 1,200 francs.

---

# PROCÉDÉS FACILES & ÉCONOMIQUES

## POUR COMPOSER SOI-MÊME LES LIQUEURS

*Aussi bien que les meilleurs distillateurs*

### ALCOOL-SIROP

D'abord, préparez un sirop composé de 2 kilos de sucre concassé et fondu à froid dans un demi-litre d'eau.

D'un autre côté, dans deux litres d'alcool à 83° centigrades, préparez l'un des parfums dont les recettes vont être indiquées ci-après : mêlez avec le sirop, filtrez au papier et mettez en bouteilles. La réussite serait plus complète si on pouvait attendre un mois avant de filtrer. — Si par cas on changeait ces proportions entre l'eau et l'alcool, on verrait le sucre se cristalliser dans les bouteilles ; c'est ce qu'il faut éviter.

Le sirop indiqué ci-dessus et les deux litres d'alcool sont pour composer cinq litres d'une des liqueurs ci-après. Chacune de ces recettes est également proportionnée pour aromatiser cinq litres. Pour n'en faire qu'un litre, prendre naturellement le cinquième des quantités énumérées ci-dessus.

*Marasquin.* — Prenez 10 gouttes ou 40 centigrammes d'essence d'amandes amères, ajoutez-y 4 gouttes ou 16 centigrammes d'essence de roses, 2 gouttes de cannelle et 4 gouttes de néroli.

Mettez le tout dans la préparation *alcool-sirop* dont il est parlé page 82.

*Parfait-amour.* — Mettez 10 gouttes d'essence de girofle, 5 gouttes d'essence de muscade, 1 gramme d'essence de citron. Colorez en rose foncé.

Mettez le tout dans la préparation *alcool-sirop,* page 82.

*Eau-de-vie de Dantzig.* — Mettez ensemble 2 grammes d'essence de citron, 5 gouttes d'essence de macis, 2 gouttes 1/2 d'essence de cannelle, une feuille d'or coupée par petits morceaux par bouteille. Il faut pour cette liqueur se servir de bouteilles de verre blanc.

Mettez le tout dans la préparation *alcool-sirop,* page 82.

*Vespetro.* — Prenez 1 gr. 50 c. d'essence d'anis, 75 centigrammes d'essence de citron, la même quantité d'essence d'angélique et d'essence de coriandre.

Mettez le tout dans la préparation *alcool-sirop,* page 82.

*Absinthe.* — Dans 10 grammes d'esprit-de-vin rectifié à 40 degrés, faites dissoudre 4 grammes d'essence d'absinthe, 3 grammes d'essence d'anis, 3 grammes d'essence de badiane, 1 gramme d'essence de fenouil, 16 grammes d'eau de roses. Quand le mélange est bien opéré, ajoutez 1 litre d'eau et 3 litres de troix-six de Montpellier. Mêlez, filtrez, colorez en vert avec 3 ou 4 gouttes de décoction de safranum, et mettez en bouteilles.

*Recette plus simple.* — Ayez 500 grammes de feuilles d'absinthe séchées à l'ombre, laissez-les infuser pendant 15 jours dans 3 litres d'alcool à 60 degrés, puis passez au tamis. A cette infusion ajoutez 100 grammes de gomme arabique dissoute dans un peu d'eau ; ajoutez en outre 30 centilitres de sirop, filtrez et mettez en bouteilles.

*Cassis.* — Egrenez des baies de cassis au moment où elles parviennent à leur maturité ; écrasez-les dans un cuvier et laissez le tout reposer pendant 24 heures ; exprimez ensuite le jus au travers d'un sac de grosse toile ou d'un tamis. Mettez le jus à part ; sur le reste, jetez de l'eau en quantité égale à la quantité de jus retiré ; laissez macérer pendant 12 heures. Exprimez de nouveau le liquide et ajoutez la liqueur obtenue au jus mis à part ; mêlez ces deux liquides et mesurez-les pour y ajouter 50 grammes de sucre par litre. Mettez le tout dans une futaille ou tout autre récipient qui en soit exactement rempli. Laissez fermenter, et quand la fermentation commence à s'affaiblir, bouchez le récipient, à l'exception d'une très petite ouverture de la grosseur d'un fosset de barrique. Quelques jours après débouchez de nouveau pour permettre à l'acide carbonique de s'échapper, et répétez de temps en temps cette opération jusqu'à ce que vous n'ayez plus à craindre les effets d'une trop grande expansion de gaz. Bouchez alors définitivement. Au bout de six mois, vous pouvez soutirer et mettre le Vin de Cassis en bouteilles quand il est bien clair.

*Anisette.* — Faites dissoudre 2 kilog. 1/2 de sucre dans un litre d'eau ; passez ce sirop à travers un linge. D'autre part, faites dissoudre dans 15 grammes d'esprit-de-vin à 40 degrés : 1° 3 grammes d'essence de badiane ; 2° 1/2 gramme d'essence de néroli bigarade ; 3° 1/2 gramme d'essence de cannelle ; 4° 5 grammes d'essence d'anis ; 5° 1 gramme d'essence de muscade ; 6° 1 gramme de teinture de vanille.

Quand ce mélange est bien opéré, ajoutez-y d'abord 1 kilog. 50 de trois-six de Montpellier à 33°, puis le sirop. — Le lendemain, filtrez au papier, puis mettez en bouteilles.

*Recette plus simple.* — Concassez 3 grammes d'anis vert. 1 gramme de cannelle, 15 gr. de coriandre ; faites infuser le tout pendant un mois dans un litre d'eau-de-vie avec une livre de sucre à demi-fondu dans un peu d'eau et filtrez.

Comme essence, procurez-vous l'anisette de Bordeaux qui tient un rang distingué dans la catégorie des liqueurs de table; elle est à la fois balsamique, douce et bienfaisante. Étant moins spiritueuse que la plupart des autres liqueurs, elle est la préférée des dames dont elle satisfait tout ensemble le palais et l'estomac.

Le froid trouble toujours cette liqueur; pour lui rendre sa limpidité, il suffit de la réchauffer lentement devant le feu ou dans l'eau tiède.

*Vermout, Vermout de Hollande.* — Faites infuser à chaud dans un bain-marie pendant 36 heures 200 grammes d'écorces dites curaçao, 50 grammes de calamus aromatique, 50 grammes d'aloès succotrin dans 8 litres d'eau et 12 litres d'alcool à 85° centigr. Pour colorer, ajoutez-y pendant l'infusion 400 gr. de bois défilé de Fernambouc. Quand l'infusion est terminée, laissez-la refroidir pour y faire dissoudre 3 grammes d'alun de Rome en poudre; filtrez. L'usage peu modéré de cette liqueur serait dangereux. La suivante recette donne une boisson plus douce et plus fine.

Faites infuser à froid pendant deux mois 200 grammes d'écorce dite curaçao, 4 écorces d'oranges fraîches et 4 écorces de citrons frais dans 20 litres d'alcool à 50° centigr.; tirez au clair, filtrez.

*Vermout allemand.* — Pour deux litres, faites macérer pendant huit jours 8 grammes de chacune des substances suivantes : anis, écorce d'orange, calamus aromatique, baies de genièvre, sauge, grande absinthe ; 4 grammes de chacune des substances suivantes : angélique, menthe poivrée, fleurs de lavande; 2 grammes de girofle. La macération a lieu dans 1 litre et 2/3 d'alcool à 80° centigr. Distillez le produit de la macération de manière à en obtenir 1 litre 1/4 de bon produit, ajoutez un sirop composé avec 70 centilitres d'eau et 360 grammes de sucre ; colorez avec un peu de caramel. On calcule la quantité de sirop de façon qu'elle amène la liqueur à 36 centigrammes.

*Vermout de ménage.* — Prenez 100 grammes d'écorce sèche d'orange que vous faites macérer pendant 15 jours dans 10 litres d'eau-de-vie, avec 10 grammes d'aloès, les zestes de deux oranges et de deux citrons. Filtrez, colorez en rose.

*Sirop de vinaigre framboisé.* — Dans un bocal de verre ou une cruche de grès, mettez autant de framboises bien mûres et bien épluchées qu'il pourra en contenir sans le presser, ajoutez-y assez de bon vinaigre de manière à les couvrir entièrement; laissez infuser pendant huit jours. Ce délai écoulé, versez tout à la fois et le vinaigre et les framboises sur un tamis ou un linge, et en pressant un peu le fruit, exprimez-en tout le jus. Votre vinaigre étant parfaitement clair et bien imprégné de l'odeur de la framboise, pesez-le, et pour

500 grammes de liqueur, prenez 1 kilogramme de beau sucre cassé, mettez-le dans un vase de faïence et versez dessus votre vinaigre framboisé; bouchez bien ce vase, placez-le au bain-marie à un feu très modéré; aussitôt que le sucre sera fondu, et, ce sirop étant presque refroidi, mettez-le en bouteilles.

*Kirsch.* — Déchirez et enlevez par le frottement la chair du fruit du prunellier sauvage. Les noyaux étant nets et secs, concassez-les et en faites macérer un mois 2 décilitres dans 1 litre d'eau de vie. Tirez à clair, et vous aurez un kirsch qui rivalisera avec celui de la Forêt-Noire. Vous pouvez ajouter un peu de sirop de sucre.

*Orgeat.* — Prenez 125 à 150 grammes d'amandes amères et 750 grammes d'amandes douces, jetez dessus de l'eau bouillante; après quelques instants ôtez-en la peau et jetez-les dans l'eau fraîche; égouttez-les et pilez-les parfaitement en six fois, en mettant à mesure quelques gouttes d'eau pour qu'elles ne tournent pas en huile. D'autre part, mettez de côté 1 litre et un quart d'eau, 2 kilos et 250 grammes de sucre. Pour piler les amandes mettez dans le mortier 70 grammes de sucre et quelques gouttes d'eau; le sucre se charge de l'huile des amandes. Quand la pâte est bien formée on la délaye en y versant un peu plus de la moitié d'eau. Passez la pâte ainsi délayée au travers d'une toile serrée que vous tordrez le plus fortement qu'il vous sera possible pour en retirer tout le lait d'amandes, remettez le marc dans le mortier, pilez-le de nouveau en ajoutant de 30 à 60 grammes de sucre et peu à peu le reste d'eau que vous avez conservée ; passez de nouveau ce mélange et exprimez-en tout le liquide qu'il pourra en contenir ; mêlez ces deux laits d'amandes ensemble ; prenez le reste du sucre que vous clarifierez et ferez cuire à la grande plume ; versez-y votre lait d'amandes et laissez le mélange sur le feu, en remuant jusqu'au premier bouillon ; ajoutez un demi-verre d'eau de fleurs d'oranger ou quelques gouttes d'huile essentielle de citron ; versez ensuite ce sirop dans une terrine et, quand il est froid, mettez en bouteilles.

On le fait cuire encore d'une autre manière. Mettez le lait d'amandes dans un vase de faïence avec le sucre pilé grossièrement, placez le tout dans un bain-marie, ou sur des cendres chaudes ; quand le sucre est dissous, ce qu'on accélère en remuant de temps en temps, retirez-le du feu, et lorsque le sirop est refroidi, aromatisez-le, passez-le tout à travers une étamine blanche, et mettez en bouteilles.

*Brou de noix.* — Cette liqueur tonique, stimulante, convient aux estomacs débilités et aux tempéraments lymphatiques.

Cueillez les noix en juin ou juillet au moment où elles ont atteint les deux tiers de leur grosseur (le brou et la noix ne forment alors qu'un même corps) ; écrasez et pilez le tout ; mettez-le dans une cruche de grès, avec de l'eau-de-vie (1 litre pour 20 noix), laissez infuser deux mois avec 2 grammes de girofle et la même quantité de muscade, 'passez l'eau-de-vie à travers un tamis fin, ajoutez 200 grammes de sucre pour 20 noix employées, laissez reposer trois semaines et filtrez.

*Autre procédé.* — Prenez 80 noix déjà un peu grosses, mais assez peu formées pour qu'une épingle puisse passer à travers, pilez-les, faites infuser deux mois dans 4 litres d'eau-de-vie, égouttez-les dans un tamis; mettez dans une liqueur 1 kilog de sucre, laissez reposer trois mois, et filtrez.

*Blanquette de Limoux.* — On peut imiter ce vin blanc partout où l'on récolte des vins blancs doux. Il faut s'y prendre de la manière suivante : laissez pendant quatre jours les raisins étendus sur le plancher; enlevez les grains pourris et ceux qui ne sont pas arrivés à maturité; égrainez les raisins, foulez les grains, passez au crible le moût, entonnez-le. Au bout de six jours, clarifiez le vin en le passant dans des filtres de toile très serrée; remettez-le dans des barriques nettoyées. Quand la fermentation est terminée, bondez les barriques, mettez en bouteilles au mois de mars.

*Chartreuse.* — Il existe trois sortes de chartreuses : la blanche. dans laquelle on ne fait entrer aucune matière colorante; la jaune, colorée avec du safran, et la verte, colorée ordinairement avec un mélange de bleu d'indigo et de caramel. La formule de cette liqueur suave, cordiale et stomachique, est tenue secrète par les chartreux du couvent de la Grande-Chartreuse, près de Grenoble. Mais voici une recette qui produit une liqueur identique à celle des chartreux. Pour obtenir deux litres de chartreuse, faites macérer pendant trois jours dans un litre et demi d'alcool à 85° centigr. 5 grammes d'absinthe des Alpes, 4 grammes de semences d'angélique, 3 grammes de baume balsamique, une pincée de cannelle en poudre, 3 grammes de coriandre, un clou de girofle, 5 grammes de sommités fleuries d'hysope, 50 centigrammes de macis, la même quantité de muscade, 5 grammes de mélisse citronnée, 3 grammes de menthe poivrée, 25 centigrammes de thym. Au bout de trois jours ajoutez une quantité d'eau égale au volume de l'alcool, distillez le tout ; ajoutez 500 grammes de sucre raffiné, colorez, collez, filtrez.

*Chartreuse sans distillation.* — Pour un litre de chartreuse, mêlez un demi-litre d'alcool à un sirop obtenu par 400 grammes de sucre et un demi-litre d'eau, ajoutez une goutte d'essence de roses, une goutte d'essence de cannelle et de 5 à 8 gouttes d'essence d'absinthe, plus ou moins, de façon que la liqueur possède le goût, mais non pas l'âcreté de l'absinthe ; filtrez.

*Curaçao.* — Le curaçao, liqueur tonique,

amère mais excitante, convient aux personnes
en bonne santé et aussi aux tempéraments
lymphatiques, qui, cependant, n'en doivent
pas faire abus. Bien que le curaçao ne
s'obtienne que par la distillation, on peut
l'imiter de la façon suivante : prenez 50 grammes d'écorce de bigarade sèche, 2 grammes
de cannelle, un clou de girofle, 50 grammes de
bois de Fernambouc, 1 litre d'eau-de-vie.
Laissez macérer le tout ensemble pendant
15 jours ; agitez une ou deux fois par jour.
Faites un sirop avec 500 grammes de sucre et
un demi-litre d'eau ; versez ce sirop sur l'eau-
de-vie et filtrez.

*Curaçao de Hollande surfin.* — Prenez
100 grammes d'écorces de Hollande ramollies
dans l'eau, faites-les macérer dans un litre
d'alcool à 85° centigr. pendant un jour avec
les écorces d'une orange et demie ; faites un
sirop avec un kilogramme de sucre et 40 centilitres d'eau ; ajoutez le sirop à l'alcool,
colorez avec quelques gouttes d'infusion
d'écorce, collez, filtrez.

*Curaçao de Hollande ordinaire.* — Prenez
250 grammes d'écorces sèches de bigarades
appelées curaçao ; faites-les ramollir ; mettez-
les macérer pendant trois jours dans 2 litres
d'alcool avec deux clous de girofle, 4 grammes
de cannelle et 2 grammes de macis ; tirez à
clair. Ajoutez un sirop composé de 2 kilos de
sucre dans un litre et quart d'eau ; laissez
reposer pendant un mois, filtrez. Pour colorer

cette liqueur, faites macérer dans l'alcool, avec les autres ingrédients, 4 grammes de sel de tartre et 125 grammes de bois de Fernambouc. En employant une moindre quantité d'écorce de bigarades, on obtient une liqueur plus douce.

*Curaçao de ménage.* — Enlevez le zeste de quatre belles oranges fraîches, laissez-les infuser pendant une heure dans 2 litres d'eau-de-vie, passez le mélange, sucrez-le et traitez la liqueur obtenue comme la crème de fleurs d'oranger.

*Sirop de groseille framboisé.* — Prenez 2 kilogrammes de groseilles rouges égrenées, pas entièrement mûres, 500 gr. de cerises peu mûres et 250 grammes de framboises ; ôtez les noyaux et tout ce qu'il y a de vert dans ces fruits, écrasez le tout ensemble, et, le mélange bien fait, laissez en fermentation dans une terrine pendant 24 heures. Après ce temps, si le jus vous semble très clair, jetez le tout sur un tamis de crin et exprimez avec les mains pour en faire sortir tout le liquide ; mettez ensuite une serviette sur le tamis bien rincé et jetez le liquide trouble dessus ; laissez-le s'écouler de lui-même et sans expression, car il faut qu'il passe très limpide. Prenez alors le liquide passé et pesez-le. Sur 530 grammes de jus, mettez 1 kilogramme de sucre blanc, versez dans une bassine et portez au feu. Le sucre étant fondu, après le 3me ou le 4me bouillon, retirez le sirop du feu, enlevez l'écume qui sera formée et versez dans une terrine. Lorsqu'il est refroidi, coulez-le dans des demi-bouteilles bien bouchées que vous descendez à la cave. Le sirop de groseille simple, qui est préféré par des personnes auxquelles le goût de framboise ne plaît pas, so fait de la même manière et avec les mêmes quantités de groseilles, cerises et sucre.

# LIVRE V

Outre les recettes que nous avons déjà détaillées nous pourrions en citer bien d'autres. Nous en ajoutons quelques-unes à notre énumération, quelques-unes que nous jugeons d'une grande utilité pratique. On n'a jamais trop de sciences de la vie, jamais trop de moyens de surmonter les difficultés immenses qu'elle nous oppose chaque jour, jamais trop d'habileté pour lutter contre les forces multiples dont elle essaie de nous écraser. Plus tard, lorsque, comme nous n'en doutons pas, notre petit livre aura réussi à cause de sa logique et de sa vérité parfaite, nous le compléterons au fur et à mesure des découvertes nouvelles.

C'est notre meilleure récompense et notre suprême orgueil de voir que ces quelques feuilles promettent de faire du bien. Ainsi souvent ce ne sont pas les plus gros livres qui sont les plus utiles; les petits recèlent parfois de grandes richesses. Et maintenant bon voyage notre petit livre! Clef de la Fortune, ouvrez à tous la porte du bonheur, du vrai bonheur, qui n'est pas dans l'oisiveté opulente, mais dans l'aisance travailleuse et économe.

## MOYEN INFAILLIBLE

### D'ATTRAPER DES LAPINS ET DES LIÈVRES

*Aussi facilement qu'à la main*

Il faut avoir une hase en chaleur (c'est la femelle du lièvre), lui couper la nature, la tremper dans l'huile d'aspic, en frotter la semelle des souliers et marcher sur l'herbe en différents endroits : les lièvres viendront en foule, vous n'avez plus qu'à vous dissimuler et vous pouvez leur tomber dessus à coups de gourdin ou de bâton. Les animaux hynoptisés ne bougent pas de place. Ce système est très employé par les braconniers dans les Vosges.

## MATELAS ÉCONOMIQUE

Pour le fabriquer, on recueille la mousse des bois en août, alors qu'elle est dans la plus grande vigueur ; on la nettoie bien de la terre et des brindilles qu'elle retient, puis on la fait sécher doucement au gran ; air et on la bat à la baguette comme la laine. La voilà prête, il n'y a plus qu'à l'engouffrer dans la toile à matelas. Battez le matelas de temps à autre, il peut durer dix ans. Si le titulaire du matelas vient à mourir, emporté par quelques maladies contagieuses, le matelas n'ayant pas de valeur, on le brûlera sans aucun regret.

## BEURRE ARTIFICIEL

Le beurre artificiel réunit tous les avantages, la beauté, le goût, le bon marché. Il se conserve très bien ; il est tellement gras que 1 kilo remplace parfaitement 2 kilos de beurre ordinaire. Pour sa composition, l'on prend 1/2 kilo de graisse de mouton fraîchement abattu, que l'on doit fondre dans 270 grammes environ de lait de bonne qualité ; après la dissolution, on tamise le liquide encore chaud en ajoutant 625 grammes environ d'huile de bonne qualité, et pendant cette dernière

7

opération il faut avoir soin d'agiter constamment le mélange; on remet cette mixture sur le feu en y ajoutant 60 grammes de croûtes de pain, 1 gramme d'estragon et 2 oignons coupés; on chauffe le tout que l'on tamise à nouveau. Ce produit forme une graisse très pure et très fine, sans odeur, pouvant remplacer le beurre ordinaire avec avantage, soi. ¡our la cuisine, soit pour la pâtisserie. Les aliments gras seront beaucoup plus substantiels, d'un goût plus agréable, la pâtisserie plus légère, plus belle et d'une saveur plus appétissante.

---

## PROCÉDÉ POUR AVOIR SUR-LE-CHAMP

### LA COPIE D'UNE GRAVURE

*Manière d'opérer.* — Prenez : eau distillée, 50 grammes; alun, 10 grammes; faites dissoudre en agitant vivement et ajoutez : savon, 10 grammes; mouillez avec ce mélange une toile ou un papier buvard bien trempé appliqué sur la gravure et mettez en presse.

---

## ENCRE NOIRE TRIPLE

On obtient cette encre en ajoutant les substances que voici à la formule précédente.

Indigo...................... 50 grammes
Vinaigre .................... 3 litres

On fait bouillir pendant deux heures, au bout duquel temps l'on filtre au papier sans colle.

Il faudra la conserver dans des bouteilles hermétiquement bouchées.

---

## SECRET POUR RÉTABLIR LES VIEILLES ÉCRITURES

### ET LES RENDRE LISIBLES

Il faut prendre cinq ou six noix de galle, les broyer, les mettre dans un vase avec un grand verre de bon vin blanc et laisser infuser pendant deux jours au soleil. On trempe un pinceau ou une petite brosse dans cette liqueur et on lave l'écriture qui a besoin d'être rétablie. Elle reparaît à l'instant. Il est aisé de voir à l'essai si la teinture est trop faible ou trop forte et on y remédie. Cette composition est très utile pour faire revivre des vieux titres et des papiers dont on ne peut faire usage sans ce moyen.

---

## FORMULE POUR FAIRE L'ENCRE A COPIER

### A la presse commerciale ou la presse à décalquer

Voici les produits à réunir pour composer l'encre à copier :

| | |
|---|---|
| Noix de galle............... | 500 grammes |
| Gomme arabique........... | 180 grammes |
| Vitriol vert (sulfate de fer). | 180 grammes, |
| Bois d'Inde pilé........... | 180 grammes |

L'on concasse les noix de galle et on pulvérise la gomme. On fait macérer le tout à l'exception du vitriol dans 5 litres d'eau, à une légère chaleur pendant 24 heures, en ayant soin de remuer de temps à autre. Après, ajoutez le vitriol toujours en remuant. Si au lieu de l'eau on emploie du vin blanc et 50 grammes de candi, on rendra l'encre brillante. Si on trouve que l'encre n'est pas suffisamment noire, on y ajoutera de 60 à 80 grammes de vitriol. Mettez en bouteilles et bouchez hermétiquement.

On obtient aussi de l'encre à copier en mettant du sucre candi dans de l'encre ordinaire dans les proportions de deux pour un.

---

## MANIÈRE DE COMPOSER LE MASTIC ORDINAIRE

### dit « DES VITRIERS »

Pour faire 1 kilogr. de mastic, prenez 500 grammes de blanc d'Espagne et 125 grammes de blanc de céruse pulvérisé ; mélangez le tout en y ajoutant une part d'huile de lin siccative jusqu'à ce que l'on obtienne une pâte que l'on a soin de conserver dans l'eau ou dans une vessie mouillée.

## CIMENT MUSULMAN

Pour fabriquer le ciment musulman, pour réparer les poteries, etc., etc., voici la formule :

Cendres de bois............... 100 grammes
Chaux vive en poudre........ 150 grammes
Sable fin tamisé ............. 50 grammes

Mêler le tout et battre jusqu'à l'état de pâte avec de l'huile et de l'eau. Conserver au frais.

## MASTIC SPÉCIAL

### POUR LES CREVASSES DES ARBRES

Tout bon jardinier doit savoir composer le remède qui doit préserver les arbres crevassés ou souffrants et auxquels on a souvent, accidentellement ou brutalement, arraché leurs branches.

1,000 grammes charbon de bois en poudre.
800 grammes goudron pur.
100 grammes blanc d'Espagne.

Délayés ensemble jusqu'à l'état demi-liquide

on l'applique dans les crevasses et les plaies des arbres. Les coulées de sève qui les épuisent, s'arrêtent et les garantit des rigueurs de l'hiver.

# LIVRE VI

Voici les dernières recettes groupées au moment de la mise sous presse de notre livre. À ceux qui n'auraient pas le temps ou la patience de réunir eux-mêmes les divers ustensiles, éléments, drogues, etc., etc, utiles à la mise en pratique de nos recettes, nous mettons à la suite de chacune d'elles l'adresse de la maison recommandée où ils pourront, à des prix modiques, se les procurer.

## ENCRE SYMPATHIQUE
### Dite « Encre des Amoureux »

Lorsque l'on écrit avec cette encre spéciale les caractères disparaissent pour ne reparaître que lorsqu'on les approche du feu ou de la chaleur d'une lampe ou bougie; c'est l'encre qui paraît tout naturellement désignée pour faciliter l'échange de correspondances entre les amoureux. C'est là du reste ce qui lui a valu son nom. Ne pas oublier que les caractères disparaissent à nouveau lorsque le papier refroidit.

*Recette pour composer cette encre.*

| | | |
|---|---|---|
| Chlorure de cobalt | 10 | grammes. |
| Eau | 200 | id. |
| Sel marin | 20 | id. |

On trouve l'Encre Sympathique ou Encre des Amoureux toute préparée au prix de **0 fr. 70** le flacon, contre timbres ou mandats adressés au *Comptoir des Inventions, rue Saint-Pantaléon, 3, Toulouse.*

---

# COLLE CAOUTCHOUC

**Pour réparer 'les vêtements imperméables, jouets d'enfants, balles caoutchouc, bicyclettes, etc., etc.**

Prendre de la feuille anglaise caoutchouc noire ou rouge, vieux ballons, rondelles, etc., la couper très menu au ciseau, mettre deux fois leur volume d'essence de térébenthine dans une boîte de fer hermétiquement fermée ou bouchée à l'émeri, et attendre quarante-huit heures que le caoutchouc ait absorbé le liquide, le couvrir à nouveau de térébenthine. On peut, dix heures après, s'en servir pour coller toutes sortes de pièces.

Pour les clients que cette préparation ennuieraient, ils trouveront la Colle *Caoutchouc Gutta-Para* toute préparée. Prix : **1** franc le flacon.

*Envoyer timbres ou mandats au Comptoir des Inventions Nouvelles, rue Saint-Pantaléon, 3, Toulouse.*

---

# NOUVEAU DÉCALCOMANE

*Moyen pour reproduire les Gravures des Journaux illustrés,*
*Gravures anciennes, Chromos, etc., etc.*

*Manière d'opérer.* — Trempez la gravure dans l'eau deux minutes, séchez-la entre deux linges, passez une couche de vernis copal blanc à l'alcool sur la planche ; appliquez la gravure, laissez-la sécher deux heures, passez ensuite une couche de vinaigre anglais. Posez dix minutes, puis frottez légèrement avec une éponge imbibée d'eau jusqu'à ce qu'il ne reste plus de papier sur la planche ; il ne vous reste qu'à vernir lorsque la planche est sèche.

Demandez la boîte du *Décalcomane,* contenant tout ce qu'il faut et instruction spéciale. Prix : **1 fr. 50.**

*Envoyer timbres ou mandats au Comptoir des Inventions, rue Saint-Pantaléon, 3, Toulouse.*

---

# CIMENT POUR RACCOMMODER LA PORCELAINE

## La Faïence, le Marbre et le Fer

Faites bouillir pendant cinq minutes, dans une eau bien claire, un morceau de verre blanc, ce qui le rend plus friable, pilez ensuite ce verre, passez-le au tamis fin, donnez-lui un grand degré de ténacité en le broyant sur du marbre après l'avoir mélangé avec du blanc d'œuf. La ténacité de ce ciment est telle que les parties rejointes ne se séparent jamais même lorsque l'on vient de briser de nouveau les vases ainsi raccommodés.

Nous vendons, toute préparée par une recette spéciale, *la Colle de fer*, qui colle tous les métaux ci-dessus nommés, même les bois. Prix : **0 fr. 60**.

On trouve également :

**Kaolin-Col**, nouvelle colle pour les porcelainiers, faïenciers, limonadiers, restaurateurs, composée à base de **Kaolin chinois**. Prix **1 fr.** le pot.

*Envoyer timbres ou mandats au Comptoir des Inventions, rue Saint-Pantaléon, 3, Toulouse*

---

# NOUVELLE DÉCOUVERTE

## Avis aux Négociants, Commerçants, Etc.

# ENCRE AUTO-COMMUNICATIVE permettant de

prendre copie de sa correspondance sans presse à copier et sans feuilles humides. On peut copier à sec au fur et à mesure que l'on fait son courrier. Cette encre est une véritable trouvaille aussi commode qu'agréable, et dispense de la presse en voyage et chez soi.

Prix du litre 6 fr.

Prix du flacon d'essai, 0 fr. 80.

Contre timbres ou mandats, adressés au *Comptoir des Inventions*, rue Saint-Pantaléon, 3, Toulouse.

---

## MOYEN D'ARRACHER SANS DOULEUR LES CORS AUX PIEDS

Il faut, pour ne pas souffrir d'eux, les enlever le plus souvent possible et porter aussi des chaussures qui ne gênent pas, de cette façon on arrive à s'en

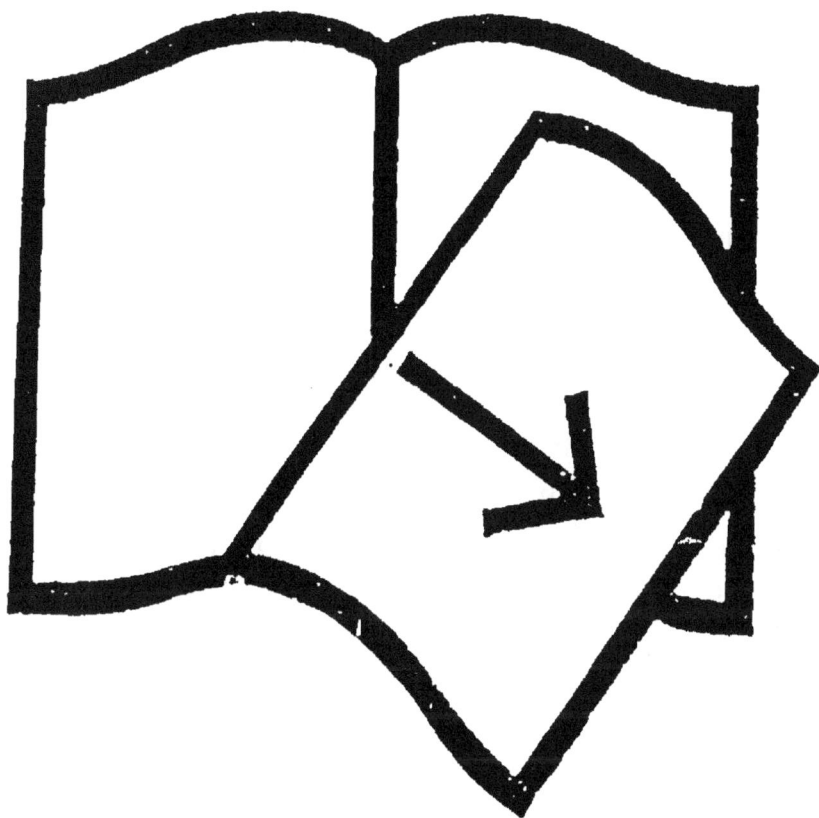

Documents manquants (pages, cahiers...)

NF Z 43-120-13

## MOYEN SUR D'ATTÉNUER OU SUPPRIMER

### LES MAUVAISES ODEURS DES PIEDS

Ce fâcheux ennui se rencontre souvent chez les *soldats, facteurs, touristes*, etc., en un mot chez certaines personnes qui, par leur métier ou leurs occupations, sont obligées de se livrer à de longues courses pédestres.

Le moyen d'atténuer cet état de choses est d'abord la plus grande propreté, linge changé avec soin; bains fréquents à l'eau tiède. Néanmoins, la propreté ne suffit toujours pas et l'odeur persiste parfois. En ce cas, voici une petite recette qui a jusqu'ici donné les meilleurs résultats.

Prendre les quantités suivantes :

| | |
|---|---|
| Essence de neroli............ | 1 gramme. |
| Essence de girofle............ | 1 gramme. |
| Teinture de vanille........... | 10 grammes. |
| Alcool 86° (3/6)................ | 20 grammes. |

Mélangez le tout et faites-le absorber à 250 grammes de poudre de riz, dans lequel vous aurez mis 50 grammes de fleur d'iris en poudre. Lorsque cette poudre est bien sèche (empêcher l'évaporation), vous mettez en boîte, et pouvez vous en servir tous les soirs avant de vous coucher pour vous frotter les pieds, après les avoir au préalable bien essuyés et séchés.

Nous vendons toute préparée la poudre spéciale suivante :

**POUDRE LEMARCHEUR** pour supprimer les *mauvaises odeurs des pieds, des mains et des bras*, sans nuire ni arrêter la transpiration, indispensable à tous ceux qui transpirent et font de longues et fatigan-

tes marches. Parfume *les linges de corps, chaus-
settes,* etc., etc. La boîte avec notice explicative,
prix.............................................. 2 fr. 50

Adresser timbres ou mandats, au **Comptoir des
Inventions,** rue Saint-Pantaléon, 3, Toulouse.

---

# PRÉPARATION SPÉCIALE

### POUR FAIRE UNE EXCELLENTE EAU DE BOTOT

Pour composer l'eau dont il va être parlé, il faut
d'abord réunir les aromates suivants :

| | |
|---|---|
| Anis vert..................... | 30 grammes |
| Clous de girofle............ | 10 grammes |
| Essence de menthe......... | 3 grammes |
| Alcool,..................... | 1 litre |
| Alcoolat d'ambre........... | 4 grammes |

Faites infuser tous les aromates, même l'essence de
menthe, dans l'alcool pendant dix ou douze jours, puis
ajoutez 3 grammes de cochenille triturée avec
3 grammes de crème de tartre et 1 gramme d'alun
délayé dans un peu d'eau, filtrez et mettez en
flacons.

Cette eau est employée avec succès pour les soins
de la bouche ; elle exerce une action astringente
sur les gencives, leur communique une teinte rosée
et tient la bouche dans un état constant de fraîcheur.
Cette eau s'emploie généralement à la dose d'une
cuillerée à café dans un verre d'eau fraîche pour
se rincer la bouche une ou deux fois tous les jours.

NOUS RECOMMANDONS A NOS CLIENTS

## LA SAUVAGINE Nouvelle découverte des plus
précieuses pour parfumer l'ha-

leine. Les mauvaises odeurs naturelles ou provoquées par l'abus du tabac et autres disparaissent comme par enchantement. Deux gouttes dans un verre d'eau suffisent. Le flacon, avec un appareil *compte-gouttes* et explications, **2 fr. 50**. Adresser timbres ou mandats au *Comptoir des Inventions,* rue Saint-Pantaléon, 3, Toulouse.

## Moyen pour se débarrasser des Punaises

Voici les principaux et ceux qui sont employés avec le plus de succès, vous n'aurez qu'à choisir.

Les Punaises nichent généralement dans les crevasses des murs, derrière les tapisseries, dossiers de fauteuils, dans les bois de lits, etc. Pour les déloger, voici les principaux moyens et ceux qui sont employés avec le plus de succès, nos lecteurs n'auront qu'à choisir.

Œufs et insectes sont détruits par des lotions de l'eau fortement savonneuse dans laquelle on a mis un peu d'huile de morue; bien passer sur les endroits infestés. Egalement avec la coloquinte, le tabac juteux, l'acide sulfurique, l'assa-fœtida, les varechs marins et presque toutes les plantes aromatiques, ainsi que la plupart des poudres spéciales insecticides. Mais le bain au savon, dont nous parlons en tête, sont sûrement les meilleurs, à la condition de les renouveler souvent.

On trouvera également chez nous les **Boules** ou **Carrés rouges du Java** pour la destruction des Mites. Il suffit de les mettre dans les différents tiroirs où vous tenez les fourrures, lainages ou autres, ou dans les poches des vêtements hors de saison pour éloigner les mites à tout jamais.

Pour recevoir une boîte de Boules ou Carrés du Java contre les mites, envoyer 1 fr. 10 en timbres ou mandats au *Comptoir des Inventions Nouvelles*, rue Saint-Pantaléon, 3, Toulouse.

---

## POMMADE CONTRE LA CHUTE DES CHEVEUX
### OU POUR EN ACTIVER LA POUSSÉE

Voici la formule d'une recette des plus efficaces contre la chute des cheveux :

> Moelle de bœuf............... 60 grammes.
> Graisse de pot-au-feu sans sel 60 grammes.

Faites bouillir dans un pot de terre très propre, passez et ajoutez :

> Huile de noisette............. 60 grammes.
> Huile d'amande.............. 30 grammes.

Parfumez le tout avec quatre gouttes d'une essence quelconque et mettez en pot.

Nous ne saurions trop recommander aux jeunes gens, qui eux ont les cheveux mais souvent manquent de moustache, qui souvent se fait attendre, que nous avons un Produit spécial dont nous nous sommes assuré le Dépôt, car :

## LA MOUSTACHE N'A PAS D'AGE Jeunes Gens

qui désirez avoir de la moustache ou de la barbe en quinze jours, faites usage du **Spécifique Picard**. Succès garanti et assuré. Nombreuses lettres de félicitations. Prix de cette *Eau Miraculeuse* : **2 fr. 25**.

Envoyer timbres ou mandats au *Comptoir-Dépôt des Inventions,* rue Saint-Pantaléon, 3, Toulouse.

## POMMADE EFFICACE CONTRE LES RIDES

Voici une Pommade des plus efficaces pour atténuer et même empêcher les rides plus ou moins
précoces chez les personnes des deux sexes :

| | |
|---|---|
| Graisse douce.............. | 100 grammes. |
| Cire blanche.............. | 6 grammes. |
| Baume de la Mecque....... | 20 grammes. |
| Crème d'amandes amères... | 20 gouttes. |
| Tanin.................... | 10 grammes. |

Faire dissoudre et ajouter 20 grammes de beurre
de cacao, passer le tout au mortier et mettre en
pots. S'en servir au moyen d'une serviette ou coin
d'un mouchoir. On en prend un peu, on se frotte le
visage avant de se coucher et on ne l'essuie qu'une
dizaine de minutes après. Le matin, au lever, faire
la même opération.

Pour les personnes qui veulent trouver la chose
toute préparée nous nous sommes assuré le Dépôt
d'un produit spécial composé par un de nos chimistes
les plus distingués et dont voici l'annonce :

# TOUJOURS JEUNES!! L'Eau Rider fait
disparaître en
48 heures les *Petites Rides*, vulgairement appelées
*Pattes d'Oie*, ainsi que les *bajoues* et *triples mentons*
qui déparent la femme aux approches de la quaran-
taine et lui font redouter son miroir. Elle assure
une *ÉTERNELLE JEUNESSE*. Envoyer **3 fr. 50** au
*Comptoir des Inventions*, rue Saint-Pantaléon, 3,
Toulouse.

———————

## POMMADE CONTRE LES PÉDICULES DE LA TÊTE

Mêlez ensemble les deux produits suivants qui ont la propriété de combattre avec avantage la venue des pédicules :

Poudre de staphisaigre........ 10 grammes
Graisse douce................. 30 grammes
Alcool ....................... 4 grammes

Composez par mélange une pommade qui sert également à merveille pour détruire les pous.

---

## Bourgeois ! Laboureurs !
## Propriétaires ! Eleveurs !

# LA POMMADE ARAGONAISE

### Régénérateur du poil des chevaux

Avec cette précieuse pommade, **plus de Chevaux couronnés ! de Contusions ! de Faiblesses !** de **Blessures !** plus de **Piqûres !** de **Crevasses !** plus de **Cassures ! de Gerçures de la peau !**

Guérison radicale des **plaies** de toute nature récentes ou invétérées.

Le plus fort couronnement est guéri au bout d'un mois, au point de défier l'expert le plus habile de le reconnaître.

Prix du Flacon, *franco* par la poste : **4 fr.**

**Si la guérison annoncée ne se produit pas, ON REND L'ARGENT.**

Pour recevoir, envoyer **4** francs en timbres ou mandats, au *Comptoir des Inventions,* rue Saint-Pantaléon, 3, Toulouse.

# FABRICATION INSTANTANÉE DES LIQUEURS

Des milliers d'attestations reçues par l'inventeur-fabricant, et qu'il peut justifier, sont les meilleures garanties de la bonté et de la supériorité de ses **Extraits** à côté de ceux essayés jusqu'à ce jour par des concurrents en ce genre de spécialité.

## CES EXTRAITS SONT LES SEULS

donnant toujours une liqueur parfaite de qualité et de bon goût et peuvent rivaliser avec les meilleures marques vendues 5 et 6 francs le litre : les seuls donnant à la fois le parfum et la couleur.

## EXTRAITS PARFUMÉS INALTÉRABLES

**Pour la Fabrication Instantanée des Liqueurs sucrées**

IMITANT CELLES DE PREMIÈRE MARQUE

Anisette.
Liqueur du couvent (dite Chartreuse).
Liqueur hygiénique (dite Raspail).
Crème de Noyaux.
— de Menthe.
— de Curaçao.
— de Céleri.
— de Citron.
— d'Angélique.
— de Vanille.
Crème de Mandarine.
Eau d'Or.
Huile de Rose.

Vespétro.
Pepperment.
Scubac.
Marasquin.
Mezenc.
Rosolio.
Kummel.
Elixir de Garrus.
Elixir de Longue-Vie.
Mélisse.
Génépy des Alpes.
Arquebuse,
Parfait-Amour.
Prunelle.

**Petit flacon pour 1 litre 0 fr. 80.**

Pour prouver la supériorité des Extraits, et afin que chacun en soit convaincu, on adresse *franco* par la poste l'Etui contenant un petit flacon pour faire un litre de liqueur contre 80 centimes ; une jolie étiquette de luxe est jointe à chaque flacon pour coller sur la bouteille de liqueur.

### Manière d'opérer pour faire un litre de liqueur exquise

*Versez le contenu du petit flacon dans un tiers de litre alcool (appelé aussi esprit-de-vin) et agitez ; faites dissoudre 300 à 400 grammes de sucre blanc dans un demi-litre eau quelconque bien claire, en la faisant chauffer : sitôt le sucre dissous, retirer du feu,* **Laisser REFROIDIR,** *verser sur l'alcool parfumé,* **ET LA LIQUEUR EST FAITE.**

Les liqueurs obtenues peuvent rivaliser en qualité et finesse avec celles de première marque ; elles sont hygiéniques, conservent indéfiniment leur parfum et bonifient en vieillissant. Chacun selon son goût peut diminuer la quantité d'alcool et de sucre. Pour le Kummel cristallisé, voir à la suite.

Les personnes qui ne pourraient se procurer de l'alcool peuvent opérer avec de l'eau-de-vie ou du cognac, mais seulement pour les liqueurs colorées, telles que la Chartreuse, le Raspail, le Curaçao, la Vanille, le Cassis, le Guignolet. En ce cas, il faut verser le petit flacon dans un bon demi-litre eau-de-vie ou cognac et ne faire dissoudre le sucre que dans un petit quart de litre d'eau. Ces proportions sont prises pour que le tout fasse un litre. L'Anisette, le Noyau, le Kummel et autres liqueurs incolores doivent, à défaut d'alcool, être faites avec de l'eau-de-vie blanche et dans les limites indiquées ci dessus.

Si la liqueur laissait à désirer comme limpidité, il suffirait de la passer à travers un papier filtre pour l'avoir claire et brillante de suite.

Chaque envoi sera accompagné de jolies éti-
quettes de luxe pour coller sur chaque bouteille de
liqueur.

**KUMMEL CRISTALLISÉ.** Le Kummel Cristallisé se fabrique comme les autres liqueurs, avec
cette différence qu'il faut **500 grammes de sucre**
et un **demi-litre d'alcool** pour faire un litre.

On verse le flacon EXTRAIT kummel dans l'alcool,
on fait dissoudre le sucre dans un verre d'eau, on
laisse refroidir le sirop qu'on peut verser même
encore tiède sur l'alcool parfumé. La cristallisation
ne tardera pas à se produire si on a soin de placer
le litre dans un endroit bien frais.

## PROPORTIONS POUR 5 LITRES

*Dose d'Alcool, de Sucre et d'Eau à employer pour la fabri-
cation de Liqueurs de différentes qualités.*

### ORDIAIRE
*(Titrant 24 degrés.)*

| | |
|---|---|
| Sucre blanc...................... | 600 gr. |
| Eau........................... | 3 lit. 1/2 |
| Alcool à 90° ou 92°............... | 1 lit. 1/4 |
| Extrait parfumé.................. | 1/4 flac. |

### DEMI-FIE
*(Titrant 28 degrés).*

| | |
|---|---|
| Sucre blanc...................... | 1 kilog. |
| Eau........................... | 3 litres. |
| Alcool à 90° ou 92°............... | 1 lit. 1/2 |
| Extrait parfumé ................. | 1/4 flac. |

### FINE
*(Titrant 32 degrés).*

| | |
|---|---|
| Sucre blanc...................... | 1 kil. 500 |
| Eau........................... | 2 lit. 1/2 |
| Alcool à 90° ou 92°............... | 1 lit. 1/2 |
| Extrait parfumé.................. | 1/4 flac. |

SURFINE
*(Titrant 35 degrés).*

| | |
|---|---|
| Sucre blanc..................... | 2 kilog. |
| Eau............................. | 2 litres. |
| Alcool à 90° ou 92°............. | 2 litres. |
| Extrait parfumé ................ | 1/4 flac, |

Je recommande principalement, pour un premier essai, de faire la liqueur fine ou surfine ; les résultats qu'on obtiendra dépasseront les espérances.

**On trouve les produits Extraits pour liqueur au Comptoir des Inventions Nouvelles. 3, rue Saint-Pantaléon, Toulouse.**

---

# FABRICATION DES SIROPS
### Dits de Fantaisie
*Rivalisant en qualité avec ceux de premières marques*

Extraits pour sirop de grenadine.
—          groseille.
—          framboise.
—          citron.
—          orgeat.

Ces Extraits contiennent la coloration nécessaire. Le quart de flacon pour faire 6 litres sirop. 2 fr. 40
Les quarts de flacon peuvent s'expédier par la poste. Prix 2 fr. 40 plus 0 fr. 45 pour boîte et affranchissement.

### Manière d'opérer pour faire les Sirops
*par petites quantités*

SUPPOSANT QUE VOUS VOULIEZ FAIRE SIX LITRES

Versez dans une casserole 5 kilogrammes sucre blanc et 2 litres et demi d'eau, mettez-la sur le feu ;

sitôt le sucre fondu, laissez prendre quelques bouil-
lons, retirez-la pour laisser refroidir le Sirop, ajoutez-y le quart de flacon Extrait. Agitez et mettez en
bouteilles **bien sèches**. Vous aurez instantanément
6 litres Sirop excellent que vous pourrez garantir
*pur sucre*, ceci dit la plupart des Sirops vendus
étant faits de glucose. On peut diminuer la quantité
de sucre si on désire un sirop moins gras.

---

# PARFUMS SPÉCIAUX

### DE QUALITÉ TOUT A FAIT SUPÉRIEURE

### pour Eau-de-vie et tous autres Spiritueux

*Garantis d'innocuité parfaite*

Pour fabriquer instantanément par simple mélange
à l'alcool sans distillation les spiritueux ci-dessous
dénommés, ou les **BONIFIER** par ces mêmes parfums qui, loin d'être fugaces (comme la plupart qui
sont offerts), se développent dans les spiritueux
en vieillissant.

## AVIS

Ne pas confondre ces Bonifiants avec certaines essences rancies vendues sous différentes
dénominations et avec lesquelles on n'obtient que
déboires. Faites-en l'essai comparatif avec tout ce
qui peut vous être offert, et vous serez bientôt édifié.

**Préparations nouvelles et perfectionnées.**

**Bonificateur des Eaux-de-Vie,** pour donner
aux eaux-de-vie ordinaires le bouquet et la saveur
des eaux-de-vie fines : le demi-flacon pour 50 litres.
Prix........................................ **3 fr. 75**

**Bouquet Cognac,** préparation par excellence,
fruit de plusieurs années de travaux et de recherches,

donne aux alcools et eaux-de-vie, de quelque nature qu'ils soient, le goût et le bouquet des eaux-de-vie de Cognac. Le demi-flacon pour 55 à 57 litres. **5 fr.** »

**Bouquet Fine Champagne Armagnac,** donne aux eaux-de-vie nouvelles et ordinaires le goût de fine champagne ou d'Armagnac. Le demi-flacon pour 55 à 57 litres...................... **5 fr.** »

**Extrait Bitter ou Amer,** pour fabriquer à la minute un excellent Bitter ou Amer. Le quart de litre pour en faire 10 litres.............. **2 fr. 75**

**Rhum, Kirsch, Genièvre, Schiedam,** pour en faire instantanément avec l'alcool. Le demi-flacon extrait pour en faire 25 à 30 litres....... **5 fr.** »

**Anis** (extrait concentré) pour faire instantanément un excellent anis. Le demi-flacon pour 25 à 30 litres.......................... **3 fr. 75**

**Punch au Rhum, Punch au Kirsch.** Le demi-flacon pour en faire 12 litres............. **5 fr.** »

**Absinthe,** extrait composé pour faire de suite avec de l'alcool une excellente absinthe blanchissant à l'eau. Le demi-flacon pour 12 litres... **5 fr.** »

**EXTRAIT Blanchisseur,** produit nouveau pour faire blanchir fortement l'absinthe à l'eau. Le demi-flacon pour 12 litres.................. **3 fr. 25**

**Marc,** extrait pour en faire avec de l'alcool. Le demi-flacon pour 50 litres.............. **5 fr.** »

**Rancio,** vieillisseur des eaux-de-vie nouvelles, a la propriété de faire disparaître certains goûts de terroir. Le demi-flacon pour 50 litres... **5 fr.** »

*Ces produits s'expédient par la poste par demi-flacons ; pour recevoir par la poste un demi-flacon, joindre à la demande en plus que le prix* **0,45** *centimes pour la boîte et l'affranchissement.*

Ne pas oublier que cette série de parfums spéciaux peut servir à bonifier les préparations déjà faites ou à les faire en les joignant par simple mélange à l'alcool sans distillation.

**AVIS.** — **UN MANUEL** donnant dans tous ses détails le moyen de bonifier ou fabriquer les spiritueux ci-dessus sera joint à chaque envoi.

---

## BOUQUETS POUR LES VINS.

communiquant à tous les vins, par un simple mélange, les goûts de **Bourgogne, Bordeaux, Beaujolais, Beaune, Médoc, Chablis, Hermitage, Saint-Georges, Champagne, Vin blanc vieux.** Le demi-flacon pour donner le bouquet de ces vins à 115 litres environ de vin ordinaire....... **3 fr. »»**

*Ces bouquets ne se vendent que par flacon et demi-flacon.*

Pour recevoir un de ces demi-flacons **Bouquets** par la poste, ajouter au prix **0,45** centimes pour la boîte postale et l'affranchissement.

---

## ÉTIQUETTES

*Pour Liqueurs, Sirops et Spiritueux*

Le cent................................... **5 fr. 50**

---

### LIMONADE MOUSSEUSE INSTANTANÉE
#### HYGIÉNIQUE ET TRÈS DIGESTIVE
*Aux goûts de Citron, Anis, Menthe*

**Manière d'opérer.** — Faites dissoudre 30 à 40 grammes de sucre blanc dans un litre d'eau

chaude ou tiède, laissez refroidir ; ajouter 3 ou
4 gouttes de parfum ou davantage si on la désire
très parfumée, agitez et ajoutez la poudre d'un paquet
blanc, puis celle d'un paquet bleu, comme il est indiqué à l'article Eau de Seltz, bouchez, et la limonade
est prête à boire.

Prix des parfums pour limonade *franco* par poste
contre mandat ou timbres :

1 flacon pour parfumer 10 litres limonade **0,70**, et
*franco* par la poste **0,80**.

---

# FABRICATION D'EAU DE SELTZ

Sans appareil spécial, au moyen de mes poudres,
on fait instantanément une boisson rafraîchissante
et très digestive. L'Eau de Seltz ainsi préparée se
prend pure ou se mêle au vin comme les eaux miné-
rales naturelles ; elle facilite la digestion, prévient
les aigreurs d'estomac, la pituite, les maux de
reins, etc.

## MODE D'EMPLOI

Pour faire de l'**Eau de Seltz**, on choisit une
bouteille solide qu'on emplit d'eau à un demi-verre
près ; on verse dans cette bouteille : 1° la poudre
d'un paquet blanc ; 2° celle d'un paquet bleu, on
bouche bien avec un bon bouchon ordinaire, on
attache au goulot de la bouteille une ficelle solide
de façon à pouvoir faire un nœud sur le bouchon
pour qu'il ne s'échappe, on couche la bouteille dans
un endroit frais, et cinq minutes après on peut en
faire usage.

Prix : La dose pour 10 bouteilles (soit 10 paquets

blancs et 10 paquets bleus, **1 fr. 20** et franco par la poste...................................... **1 fr. 35**

---

## PARFUMERIE AU PRINCIPE DES FLEURS

**Essences concentrées extra-fines pour faire soi-même Eaux de Toilette hygiéniques**

| Eau de Cologne. | Eau de Botot. |
| Eau de Lavande. | Eau de Quinine. |

Le flacon pour faire un litre **3 fr.**, franco par la poste...................................... **3 fr. 25**

Le demi-flacon pour 1/2 litre **1 fr. 50**, franco par la poste........................ **1 fr. 75**

Pour préparer 1 litre eau de toilette extra, il suffit de verser le flacon dans un litre alcool 80 ou 90 degrés, agiter et filtrer si besoin est.

(Ces eaux de toilette conservent indéfiniment leur parfum et bonifient en vieillissant; elles rivalisent avec celles fournies par les grands parfumeurs qui vendent la même qualité 12 et 15 fr. le litre).

### AVIS

Ne pas confondre ces Essences garanties provenant de fleurs et autres végétaux avec certains produits de drogueries, vendus sous le même nom, mais inimitables comme qualité et finesse.

**Tous les produits ci-dessus énumérés pour ces diverses fabrications se trouvent au Comptoir des Inventions, rue Saint-Pantaléon, 3, Toulouse.**

---

# A NOS LECTEURS, MERCI !

Merci maintenant, Lecteurs, de votre empressement à profiter de nos travaux. Ce remercîment, venu semble-t-il avant qu'aucun succès ait couronné notre œuvre, va vous paraître anticipé.

Vous vous trompez.

A l'heure où notre petit Manuel est encore sous presse. mais où notre immense publicité à déjà fait grand bruit autour du livre qui va naître, trois milliers et plus de demandes d'exemplaires nous sont parvenues. Aussi ajoutons-nous comme dernière page ce remercîment à votre enthousiasme. Vous voyez qu'il ne vient pas trop tôt... et nous sommes convaincus qu'il sera légitimé et au delà.

La science est un champ immense, un pays presque sans bornes, et dont la plus grande part est encore inconnue, inexplorée.

Les explorations de l'avenir nous réservent sûrement d'infinies surprises. Les conquêtes futures de l'intelligence sont plus nombreuses encore que ses conquêtes passées. Nous essaierons de faire profiter le peuple de celles-là, comme nous l'avons fait profiter de celles-ci, en mettant à la portée de tous, en un langage simple et précis, des notions que les savants pressés n'ont point le temps de vulgariser et qui demeurent ainsi inutilités pour de grandes masses.

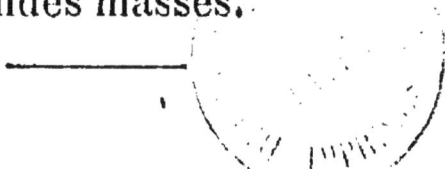

# TABLE

## DES

# RECETTES ÉCONOMIQUES

*Préconisées et employées avec succès*

## Par notre ami Pierre BIRON, l'Économe

9

------ ◆◆ ------

# PETITE TABLE

### DES

# RECETTES SUPPLÉMENTAIRES

FIN DE LA TABLE DES MATIÈRES

Toulouse. — Imp. J. DELORT, rue Fourbastard, 1

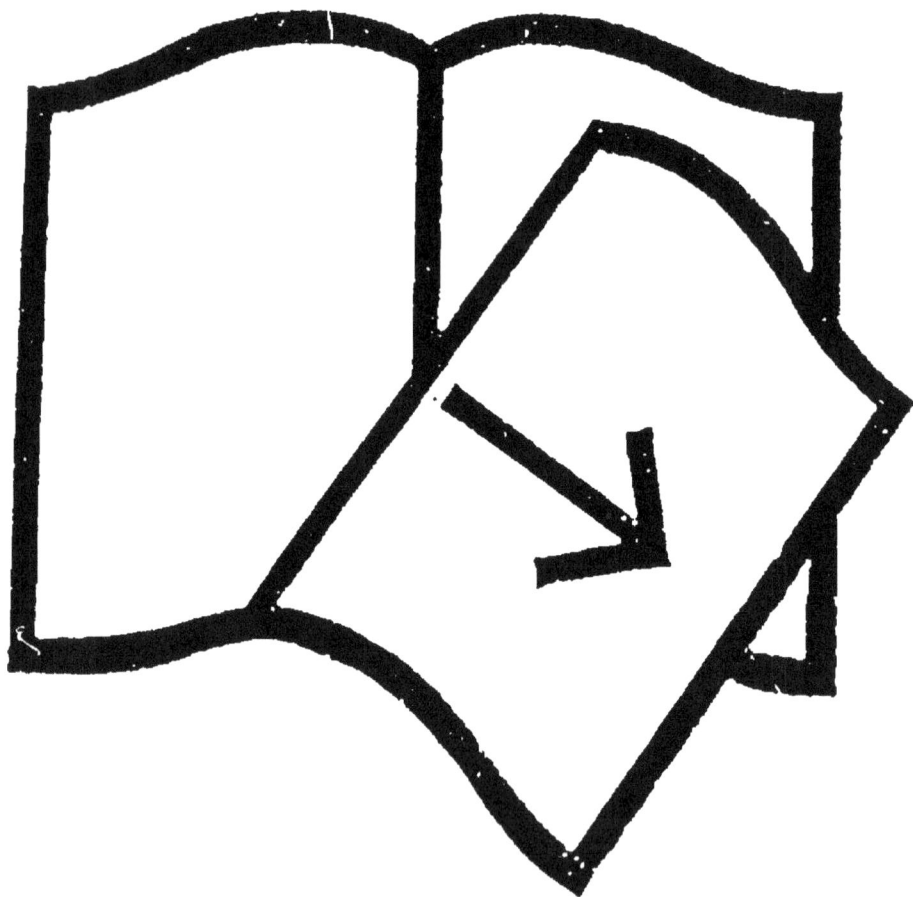

Documents manquants (pages, cahiers...)
NF Z 43-120-13

www.ingramcontent.com/pod-product-compliance
Lightning Source LLC
Chambersburg PA
CBHW062011200326
41519CB00017B/4766